La oruga muy hambrienta
MI PRIMERA
ENCICLOPEDIA

La oruga muy hambrienta
MI PRIMERA
ENCICLOPEDIA

Contenidos

Nuestro mundo

8-9 ¿Dónde vives tú?
10-11 En la escuela
12-13 ¡Cuántos trabajos!
14-15 Atareados en la obra
16-17 Trasladarse
18-19 Surcando los mares
20-21 Volando
22-23 Cómo vestimos
24-25 Religiones
26-27 Festividades
28-29 Arte fascinante
30-31 Comida del mundo
32-33 Maravillosa música
34-35 Deporte
36-37 ¡Cuántos idiomas!
38-39 Describir con palabras

Cuerpo y salud

42-43 Tu cuerpo
44-45 Bajo tu piel
46-47 Sentidos especiales
48-49 Cómo crecemos
50-51 Un plato saludable
52-53 Cuida de tu cuerpo
54-55 Bien seguros
56-57 ¿Cómo te sientes?
58-59 Sentirse mejor

La Tierra

62-63 Los continentes
64-65 Asia
66-67 América del Norte y América del Sur
68-69 Europa
70-71 África

72-73 Oceanía
74-75 Cómo es la Tierra
76-77 Volcanes
78-79 Terremotos
80-81 La cima del mundo
82-83 Bajo el mar
84-85 En el desierto
86-87 Rocas y minerales
88-89 La maravilla del agua
90-91 ¿Cómo está el tiempo?
92-93 Estaciones
94-95 Proteger el planeta

Animales y naturaleza

98-99 Seres vivos
100-101 Plantas y árboles
102-103 ¿Cómo crecen las plantas?
104-105 Todo tipo de animales
106-107 Mascotas
108-109 En la granja
110-111 Los humedales

DK Penguin Random House

Edición Sally Beets, Joy Evatt, Kieran Jones, Katie Lawrence, Manisha Majithia, Monica Saigal, Kathleen Teece
Edición de arte, diseño de cubierta Lucy Sims
Diseño Bettina Myklebust Stovne, Clare Baggaley, Hannah Moore, Sadie Thomas
Edición EE. UU. Margaret Parrish
Edición sénior EE. UU. Shannon Beatty
Edición ejecutiva Jonathan Melmoth

Edición ejecutiva de arte Diane Peyton Jones
Edición de producción sénior Nikoleta Parasaki
Control de producción John Casey
Documentación iconográfica Rituraj Singh
Coordinación editorial Issy Walsh
Subdirección de arte Mabel Chan
Dirección editorial Sarah Larter

Asesoramiento experto John Woodward
Asesoramiento educativo Emily Stevenson
Asesoramiento cultural Yilin Wang

De la edición en español:
Coordinación editorial Marina Alcione
Asistencia editorial y producción Eduard Sepúlveda

Servicios editoriales Tinta Simpàtica
Traducción Ismael Belda

Publicado originalmente en Gran Bretaña en 2022 por Dorling Kindersley Limited
DK, One Embassy Gardens, 8 Viaduct Gardens, Londres, SW11 7BW
Parte de Penguin Random House

ERIC CARLE, THE WORLD OF ERIC CARLE, LA ORUGA MUY HAMBRIENTA y otros nombres y logotipos relacionados son marcas registradas y/o no registradas de PENGUIN RANDOM HOUSE LLC.
Copyright © 2022 PENGUIN RANDOM HOUSE LLC.

Copyright © 2022 Dorling Kindersley Limited
© Traducción española: 2023 Dorling Kindersley Limited

112-113 En el bosque
114-115 Bajo tierra
116-117 En la costa
118-119 En el mar
120-121 En la montaña
122-123 En el desierto
124-125 Animales polares
126-127 En la densa jungla
128-129 En la sabana
130-131 Jugar al escondite
132-133 De noche
134-135 Ciclos vitales

Historia

138-139 Vamos al museo
140-141 Dinosaurios
142-143 Humanos prehistóricos
144-145 Antiguo Egipto
146-147 Antigua Grecia
y antigua Roma
148-149 China en la historia

150-151 Todo sobre los castillos
152-153 Explorar el mundo
154-155 Érase una vez...
156-157 Historia del arte
158-159 Grandes inventos
160-161 Transporte
162-163 Juguetes geniales
164-165 Héroes de la historia

Ciencia y tecnología

168-169 Estados de la materia
170-171 Materiales
172-173 Colores
174-175 Luz
176-177 Sonido
178-179 Fuerzas
180-181 Velocidad
182-183 Electricidad
184-185 Imanes
186-187 Posiciones
188-189 Computadoras

190-191 Números
192-193 Mi rutina diaria
194-195 Tiempo
196-197 Medir
198-199 Formas
200-201 Simetría

El espacio

204-205 El universo
206-207 El sistema solar
208-209 Día y noche
210-211 Las fases de la Luna
212-213 Rocas espaciales
214-215 Cielo nocturno
216-217 En el espacio

218-219 Glosario
220-222 Índice
223-224 Agradecimientos

Título original:
The Very Hungry Caterpillar Very First Encyclopedia
Primera edición: 2023

Reservados todos los derechos.
Queda prohibida, salvo excepción prevista en la ley,
cualquier forma de reproducción, distribución,
comunicación pública y transformación de esta obra
sin la autorización escrita de los titulares de la
propiedad intelectual.

ISBN: 978-0-7440-9212-7

Impreso y encuadernado en China

www.dkespañol.com

MIXTO
Papel | Apoyando la
selvicultura responsable
FSC™ C018179

Este libro se ha impreso con papel certificado por el Forest
Stewardship Council™ como parte del compromiso de DK
por un futuro sostenible. Para más información, visita
www.dk.com/our-green-pledge

Nuestro mundo

¿Dónde vives?

Las personas viven en distintos lugares. Algunas viven en la **tranquilidad del campo** y otras en zonas **más concurridas**, como los pueblos y las ciudades.

Vivir en el campo

En las zonas rurales vive poca gente, así que son entornos tranquilos. En el campo hay granjas, pueblos y espacios abiertos. No hay muchos edificios, y los que hay suelen estar dispersos.

Hogar en el campo

En el campo, las casas están más alejadas unas de otras que en las ciudades.

Salir a jugar

Hay muchos espacios abiertos y bosques en donde jugar.

Moverse

Las carreteras suelen tener curvas y baches y es más complicado viajar.

Vivir en la ciudad

Las ciudades son lugares donde viven muchas personas y hay un gran número de edificios: tiendas, museos, escuelas, hospitales...

Hogar en la ciudad

La mayoría de la gente vive en departamentos pequeños en edificios de muchos pisos.

Salir a jugar

En las ciudades suele haber parques infantiles para jugar.

El transporte urbano

Es fácil moverse en metro, tranvía o autobús.

En la escuela

La escuela es un lugar en el que **aprendemos** muchas cosas nuevas, desde contar y leer hasta pintar y practicar deportes. En las **aulas**, los niños aprenden de los **maestros**. La escuela también es un buen lugar para divertirse y hacer amigos.

Números

Las matemáticas se ocupan de los números. Aprenderás a usar las matemáticas para medir, contar y saber la hora.

Aprender a escribir

Cuando llegue el momento, aprenderás las letras del alfabeto, a deletrear palabras y después a escribir.

Manualidades

En la escuela, harás muchos tipos de manualidades. Además de dibujar y pintar, aprenderás a hacer estampados y a crear objetos de papel, arcilla o materiales reciclados.

Ser un buen amigo

La escuela es un buen lugar para aprender a ser un buen amigo. Los amigos son amables entre ellos y se ayudan.

Compartir un cuento

La hora del cuento es un momento especial. Hay libros que cuentan hechos sorprendentes y otros que te llevan a los mundos de la imaginación. Leer con un amigo es una forma divertida de estar juntos.

La hora del recreo

Es probable que tengas un rato de recreo al aire libre. Puedes jugar a muchos juegos, practicar deportes como el futbol o saltar la cuerda con tus amigos.

¡Cuántos trabajos!

¿Qué quieres ser **cuando seas grande**? Hay muchos tipos de trabajos que las personas hacen para ser **felices** y ganar **dinero**. Quizá quieras trabajar en una tienda, en un hospital, volando a bordo de un avión, ¡o incluso en el zoológico!

Maestra

Cuando vas a la escuela, tu maestra te ayuda a aprender distintas materias, como matemáticas, arte, ciencias o deportes.

Doctora

Los médicos nos ayudan cuando no nos sentimos bien. Nos hacen pruebas para ver cuál es el problema y, si es necesario, nos dan medicinas.

Veterinario

Los veterinarios cuidan y curan a los animales enfermos, tanto a las mascotas como a los de granja, del zoológico y a los que viven en la naturaleza.

Empleado del zoológico

Cuidan y alimentan a los animales del zoológico y se aseguran de que estén limpios.

Dependienta de una tienda

Los dependientes de las tiendas nos ayudan a buscar y comprar la ropa, los alimentos y otros artículos que necesitamos.

Piloto

Aprender a pilotar un avión requiere mucha formación. Los pilotos deben saber despegar, controlar el avión en el aire y aterrizar con seguridad.

Cocinero

Los cocineros trabajan en restaurantes y cafeterías. Planifican las comidas y preparan y cocinan los alimentos.

Agente de policía

El trabajo de un agente de policía es mantenernos a salvo e investigar delitos.

Bombera

Los bomberos tienen un trabajo peligroso: apagar incendios, y ayudan en otros casos, como accidentes de coche, ¡o si un gato no sabe bajar de un árbol!

Granjero

Los agricultores se ocupan de que sus granjas funcionen bien. Venden productos vegetales y animales, como el maíz o la leche.

13

Atareados en la obra

Las obras pueden ser lugares muy **ruidosos**. Los obreros usan **grandes máquinas** para excavar agujeros y levantar objetos pesados para construir nuevos edificios.

Grúa

Unos cables en el extremo de la pluma, o brazo, de la grúa levantan objetos, por ejemplo materiales para construir un tejado.

Volquete

Este camión puede transportar a la obra grandes cantidades de material, como arena y ladrillos.

Buldócer

Un buldócer aparta los escombros para que puedan pasar otras máquinas. Sus orugas avanzan sobre terrenos irregulares.

Los obreros llevan casco para proteger la cabeza en caso de que les caiga algún objeto.

Pala cargadora

Este vehículo tiene una gran pala capaz de levantar rocas muy pesadas.

Excavadora

Esta máquina saca tierra del suelo, a menudo para hacer espacio para los cimientos, que son la parte de un edificio que está bajo tierra y hace que se sostenga.

Retroexcavadora

Tiene una gran cuchara detrás y una pala cargadora delante. Las dos le sirven para excavar en la tierra.

Camión hormigonera

El hormigón sirve para unir otros materiales. Está hecho de roca y agua, que se mezclan en una hormigonera.

15

Trasladarse

¡Rápido, rápido! Hay muchas maneras distintas de moverse por tierra. Muchos **vehículos** tienen **motores** que los impulsan y **ruedas** con las que se desplazan.

Taxi

Camión

Coche eléctrico

Muchos coches modernos funcionan con electricidad en lugar de gasolina. No emiten gases nocivos y se pueden recargar en los puntos de carga.

Tren

Los trenes van de un lugar a otro atravesando campos y ciudades. Los más rápidos pueden alcanzar hasta 300 km/h.

Róver espacial

Estos vehículos, del tamaño de un coche, permiten explorar otros planetas (por ejemplo, Marte). Avanzan por el suelo extraterrestre y recolectan muestras de rocas que se estudian en la Tierra.

Autobús

Bicicleta

Al pedalear, las ruedas de la bicicleta giran. ¡No olvides llevar casco!

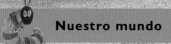

Surcando los mares

Los **barcos** viajan por el agua. Los hay de muchos tipos, desde **canoas** para una sola persona hasta **transatlánticos** que llevan a miles de pasajeros.

Submarino

Los submarinos pueden esconderse bajo la superficie y bajar hasta el fondo del mar.

Portacontenedores

Estos enormes barcos son lentos, pero potentes. Pueden transportar cargas muy grandes.

Velero

Estos barcos atrapan el viento en sus velas. Cuanto más fuerte sopla, más rápido se mueven.

Lancha motora

Las lanchas tienen el frente puntiagudo y un motor potente para ir muy deprisa. ¡Fiuuu!

Partes de un barco

Las partes de los barcos tienen nombres especiales. La parte de delante se llama proa, y la de atrás, popa. La quilla es un peso bajo el barco que hace que se mantenga derecho. Los barcos de vela tienen unos postes muy largos llamados mástiles, en los que van sujetas las velas.

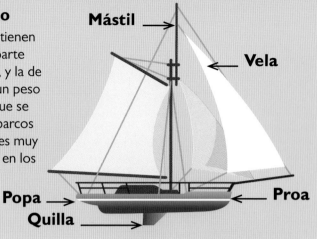

Mástil

Vela

Popa

Quilla

Proa

Transbordadores

Los transbordadores llevan pasajeros de un lugar a otro. Los más grandes también transportan automóviles.

Kayak

Los kayaks son pequeños y huecos. El kayakista usa una pala para impulsarse en el agua.

Volando

Hay **máquinas** que nos permiten **volar** muy alto y muy lejos. Algunas tienen potentes motores, mientras que otras se valen del aire para desplazarse por el cielo.

Globo aerostático

¡Esta forma de volar es lenta, pero espectacular! El aire del interior se calienta para que el globo se infle y se eleve hacia el cielo.

Avión de combate

Estos aviones especiales están hechos para el ejército. Vuelan muy rápido y están diseñados para luchar en el aire contra otros aviones.

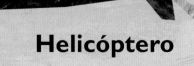

Helicóptero

Esta máquina utiliza sus aspas giratorias para volar hacia arriba y hacia abajo.

¿Cómo vuelan los aviones?

Cuando un avión se mueve rápidamente, el aire pasa bajo sus alas muy deprisa, creando una fuerza llamada sustentación. Cuando esta es más fuerte que la fuerza de gravedad que empuja el avión hacia abajo, el avión vuela.

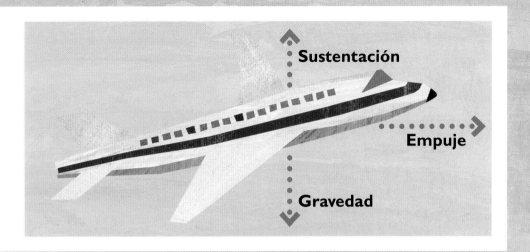

Sustentación

Empuje

Gravedad

Paracaídas

Los paracaidistas saltan desde aviones en vuelo. Un paracaídas los ayuda a flotar suavemente y aterrizar de forma segura.

Avión

Todos los aviones tienen nariz, cola y dos alas. El piloto se sienta en la cabina.

Dron

Los drones son naves manejadas a distancia que no necesitan piloto. ¡Se pueden usar para hacer fotos, entregar paquetes y muchas más cosas!

Cómo vestimos

Gorro

Pantalones

Calcetines

Lo que te pones depende de donde vivas y de **lo que hagas**. Hay prendas que abrigan, mientras que otras son estupendas para hacer **actividades** o para **ocasiones especiales**.

Disfraz

¿Cómo se hace la ropa?

Muchas prendas se fabrican cosiendo piezas de tela. Hoy en día, las suelen coser a máquina personas que trabajan en fábricas.

¡Es divertido disfrazarse y ser otra persona, u otra cosa, por un día!

Bufanda

Suéter

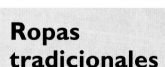

Ropas tradicionales

Cada país tiene ropas tradicionales que suelen utilizarse en festividades y ocasiones especiales.

Kimono japonés

Poncho y chullo de Perú

Lehenga choli de la India

Impermeable

Ropa deportiva

Zapatos

Nos calzamos en función del clima. Si hace frío, llueve o nieva, nos ponemos botas. Si hace calor o el clima es seco, lo mejor son las sandalias o los tenis.

Tenis

Botas

Sandalias

La ropa deportiva está hecha para ser ligera y permitir que te muevas con facilidad.

Camiseta de tirantes

Falda

Pantalones cortos

Ponte una camiseta sin mangas o una camiseta interior bajo el suéter si hace frío.

Vestido

Hanfu **chino**

Gákti **de los samis**

Fajas y collares de los samburus

Religiones

La religión es un **conjunto de creencias** compartidas por un grupo. Las personas religiosas se reúnen en **edificios especiales**, como iglesias, templos o mezquitas. En el mundo hay muchas religiones distintas.

Iglesia de San Pedro en Malmö, Suecia

Cruz

Cristianismo

Los cristianos siguen las enseñanzas de Jesús, que creen que fue enviado por Dios al mundo. Muchos cristianos van a la iglesia regularmente.

Templo hindú Swaminarayan Mandir, en Toronto, Canadá

Hinduismo

Las personas que practican el hinduismo se conocen como hindúes. El hinduismo se practica en muchos lugares del sur de Asia, principalmente en la India.

Ganesha, un dios hindú

Judaísmo

El pueblo judío practica el judaísmo. Creen que hay un Dios que hizo el mundo. El símbolo del judaísmo es la estrella de David.

Estrella de David

El Muro de las Lamentaciones, en Jerusalén, Israel

24

Templo de Wat Arun en Bangkok, Tailandia

Taoísmo

El taoísmo es una filosofía que comenzó en la antigua China. Enseña que se necesita equilibrio en la vida, como se muestra en el símbolo del yin y el yang.

Símbolo del yin y el yang

Budismo

El budismo se basa en la doctrina de Buda, su líder espiritual. Este enfocó sus enseñanzas en cómo ser feliz y bueno.

El Buda

Templo taoísta, montañas Wudang, China

Islam

Las personas que siguen el islam reciben el nombre de musulmanes. Creen en un Dios llamado Alá. Cada año, millones de musulmanes hacen una visita, o peregrinaje, a La Meca, en Arabia Saudita.

Peregrinos en La Meca

Gurdwara Bangla Sahib, en Nueva Delhi, la India

Sijismo

Los sijs creen que hay un Dios. El sijismo se basa en las enseñanzas de diez líderes religiosos conocidos como gurús. El símbolo del sijismo es el *khanda*.

Mezquita del Sultán Ahmed, en Estambul, Turquía

Símbolo del *khanda*

25

Festividades

Se celebran fiestas por muchas razones: **festivales religiosos**, festejar el **cambio de estaciones** o dar la bienvenida a un **nuevo año**. ¡Celebremos!

Año Nuevo Lunar

Este festival, que dura 15 días, tiene lugar en países asiáticos como China. Hay desfiles llenos de bailarines disfrazados.

Pascua

Los cristianos celebran esta fiesta con una comida especial y yendo a la iglesia. En muchos lugares, además, se intercambian huevos de Pascua.

Enero   **Febrero**   **Marzo**   **Abril**   **Mayo**   **Junio**

Festival de los Cerezos en Flor

En Japón, este festival celebra la primavera y el florecimiento de los cerezos.

Vesak

En este día se celebra la vida de Buda.

Año Nuevo

En muchos países, la gente se reúne la noche del 31 de diciembre a las doce para celebrar la llegada de un nuevo año. En España se comen 12 uvas, y en muchos lugares ¡es la hora de los fuegos artificiales!

Diwali

Diwali es el festival hindú de las luces. Es una celebración del triunfo del bien sobre el mal. Se encienden unas lámparas, llamadas *diyas*, y los hogares se decoran con formas de colores llamadas *rangoli*.

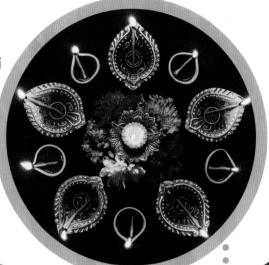

Árbol de Navidad

Fiesta del Medio Otoño

Este festival se celebra en algunos países asiáticos en otoño, cuando hay luna llena. Se hacen unos dulces llamados pasteles de luna.

Julio   Agosto   Septiembre   Octubre   Noviembre   Diciembre

Aíd al Fitr

Esta fiesta musulmana marca el final del mes sagrado del Ramadán. La gente se pone ropa nueva, reza y se hace regalos.

Festival del Nuevo Ñame

En África occidental se celebra la cosecha, se come ñame y se baila.

Halloween

Esta fiesta se celebra en muchos países. La gente se disfraza, talla calabazas y los niños van por las casas a pedir golosinas.

Navidad

Durante este periodo, los cristianos celebran el nacimiento de Jesucristo. Las personas se hacen regalos y decoran los árboles de Navidad con adornos y luces.

Janucá

El pueblo judío celebra un festival de ocho días llamado Janucá. Encienden velas cada noche, utilizando un candelabro especial llamado menorá, para recordar un gran milagro.

Arte fascinante

Cuando dibujas o modelas, estás **creando arte**. Los artistas usan **distintos materiales** para expresarse. Estos son algunos de los principales tipos de arte.

Pintura

Las pinturas rupestres muestran que el arte existe desde tiempos remotos. Puedes pintar sobre papel, sobre tela o incluso en una pared... ¡Pero pide permiso!

Dibujo

¡Dibujar es divertido! Puedes usar cualquier cosa que deje marcas, como lápices, ceras o tizas.

Escultura

Los escultores usan arcilla, madera, piedra, metal y otros materiales. Las esculturas pueden representar objetos familiares o inusuales.

Collage

Un *collage* está hecho con materiales pegados para hacer una imagen. Eric Carle usaba el *collage* de papeles para realizar sus ilustraciones.

Comida del mundo

En el mundo hay muchas **comidas** distintas. Vayas donde vayas, siempre hay algo **delicioso** para **probar**.

Pizza

La pizza viene de Italia. Se hornea un círculo de masa con salsa de tomate y queso mozzarella.

Paella

Este sabroso plato hecho a base de arroz es típico de España. Se prepara con marisco, carne y verduras.

Los platos a base de arroz son populares en Mali.

Tayín

Este guiso, que se suele preparar con cordero, viene del norte de África. ¡Se llama tayín la olla en la que se cocina!

Kebab

Los kebabs vienen de Oriente Medio. Son brochetas de carne y verdura a la brasa.

Gastronomía

Cada país tiene su propia gastronomía, es decir, sus platos típicos, que se cocinan con métodos tradicionales y utilizando ingredientes locales.

30

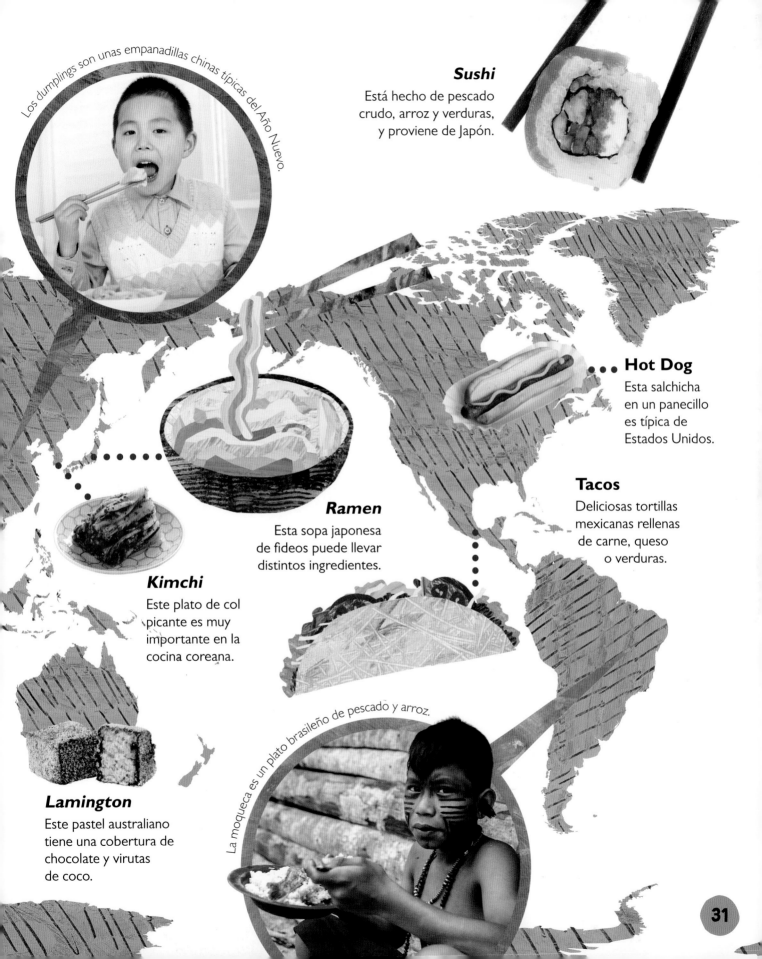

Los dumplings son unas empanadillas chinas típicas del Año Nuevo.

Sushi

Está hecho de pescado crudo, arroz y verduras, y proviene de Japón.

Hot Dog

Esta salchicha en un panecillo es típica de Estados Unidos.

Tacos

Deliciosas tortillas mexicanas rellenas de carne, queso o verduras.

Ramen

Esta sopa japonesa de fideos puede llevar distintos ingredientes.

Kimchi

Este plato de col picante es muy importante en la cocina coreana.

Lamington

Este pastel australiano tiene una cobertura de chocolate y virutas de coco.

La moqueca es un plato brasileño de pescado y arroz.

Maravillosa música

La música puede ser **simple**, como seguir el ritmo chasqueando los dedos, o **compleja**, como cuando muchos **instrumentos** suenan a la vez.

Viento metal

Los músicos producen sonidos con instrumentos de viento metal, como las trompetas, con los labios. Soplan en la boquilla para crear vibraciones.

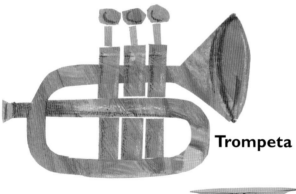

Trompeta

Corno francés

Tuba

Viento madera

Hay muchos tipos de instrumentos de viento madera; la flauta dulce y el saxofón son dos de ellos. Suenan cuando el músico sopla en la boquilla.

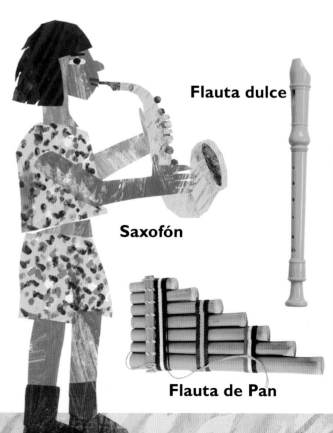

Flauta dulce

Saxofón

Flauta de Pan

Notas musicales

La música se compone de notas. A cada nota se le asigna un nombre, de modo que se puede escribir una melodía y compartirla con otras personas para que la toquen.

do re mi fa sol la si

Estas son las notas en el teclado de un piano

Cuerda

Los instrumentos de cuerda funcionan al hacer vibrar cuerdas, ya sea rasgueándolas, pulsándolas con los dedos o frotándolas con un arco.

Violín

Guitarra

Pipa

Percusión

Los instrumentos de percusión se tocan agitándolos o golpeándolos con las manos o con baquetas. Entre ellos están los tambores y platillos. Algunos pueden producir melodías, como el xilofón.

Xilofón

Tambor *buk*

Pandereta

Deporte

Los deportes son muy populares en todo el mundo. Incluyen los **deportes de equipo**, como el futbol, y **carreras**, como el atletismo y el ciclismo. Quien practica un deporte de manera profesional es un **atleta**.

Snowboard

Los practicantes de *snowboard* se desplazan por la nieve sobre una tabla plana sujeta a las botas.

Natación

Los nadadores utilizan los brazos y las piernas para impulsarse en el agua.

Patinaje artístico

Los patinadores artísticos bailan sobre el hielo, en equilibrio sobre unos patines afilados y realizando saltos y giros.

Equipamiento deportivo

El equipamiento deportivo incluye ropa especial, protecciones, como cascos, y objetos, como balones o raquetas.

Raqueta y pelota de tenis

Bola de críquet

Guantes de boxeo

Taekwondo

En el arte marcial del taekwondo se utilizan patadas, puñetazos y lanzamientos.

Juegos Olímpicos

Los Juegos Olímpicos son la mayor competición deportiva del mundo. Cada cuatro años, reúnen a atletas muy preparados que compiten en las pruebas por las medallas de oro, plata y bronce.

Futbol

Los futbolistas patean un balón en un campo de pasto. Se marca gol si el balón entra en la portería contraria.

Básquetbol

En un partido de básquetbol, los jugadores lanzan la pelota para que entre en la canasta del equipo contrario.

Correr

Puedes correr solo para hacer ejercicio o competir contra otros en una carrera.

Guante de béisbol

Silbato

Raqueta y pelota de tenis de mesa

Pelota de *rugby*

¡Cuántos idiomas!

El lenguaje es la forma en que nos **comunicamos** unos con otros. Imagina un mundo sin lenguaje..., ¡no podrías **hablar** con tus amigos, **leer** historietas o **entender** lo que dicen las canciones! ¡El lenguaje es algo realmente maravilloso!

Lenguaje de signos

El lenguaje de signos utiliza señales con las manos y los dedos y permite comunicarse a las personas sordas. Con los distintos signos se pueden decir letras, números y palabras.

Francés
Bonjour
«bon-yúr»

Árabe
مرحباً
«már-ja-ban»

Hebreo
שָׁלוֹם
«sha-lóm»

Español
Hola

Idiomas

¡Hay más de 7000 idiomas en todo el mundo! El chino es el más extendido, con 1000 millones de hablantes. ¡Practica saludando en distintos idiomas!

Japonés
こんにちは
«ko-ní-chi-wa»

Sueco
Hej
«jey»

Hindi
नमस्ते
«na-mas-té»

Coreano
안녕하세요
«an-yóng-ja-se-yo»

Inglés
Hello
«jel-óu»

Chino
你好
«ni-jáo»

Braille

El braille es un alfabeto creado para que las personas que son ciegas puedan leer. Cada letra y número lo forman unos bultitos en una superficie que se pueden interpretar tocando con los dedos.

Emojis

Los emojis son imágenes que se usan en mensajes de texto como una forma rápida de expresar sentimientos o palabras. La palabra *emoji* viene del japonés y significa «carácter-imagen».

El pez es...

pequeño
menudo
minúsculo
diminuto

La ballena es...

grande
enorme
gigante
colosal

Describir con palabras

Las palabras que usamos para describir se llaman **adjetivos**, y son muy útiles. Los adjetivos nos dan información sobre las cosas (por ejemplo qué aspecto o qué tacto tienen, cómo suenan...).

Opuestos

Dos cosas opuestas son totalmente diferentes entre sí y no se parecen en nada.

Luminoso

Oscuro

Ruidoso

Silencioso

Dulce

Ácido

Nuevas palabras

Aprender nuevas palabras es divertido. Te permite poder hablar de maneras distintas sobre lo que te rodea. ¿Sabes lo que significan todas las palabras de esta página?

Liso

Fuerte

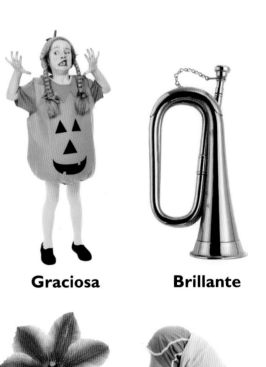

Graciosa

Brillante

Bonita

Flexible

39

Cuerpo y salud

Tu cuerpo

Tu cuerpo es increíble. Está formado por diversas **partes** que te permiten **pensar, respirar, moverte** y **vivir.**

La cabeza

En tu cabeza se encuentran muchas partes importantes de tu cuerpo. En ella tienes el cerebro, los ojos, la nariz y la boca.

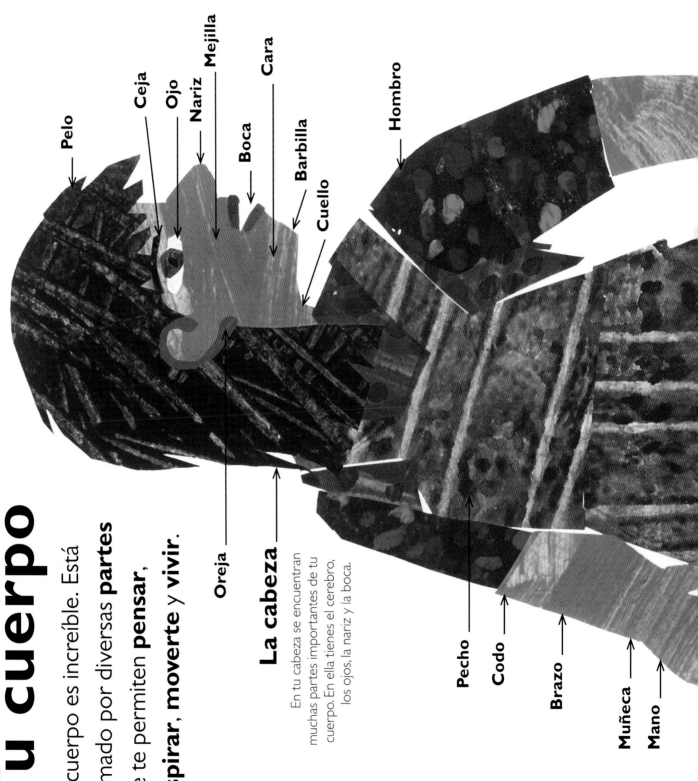

Pelo

Ceja

Ojo

Nariz

Mejilla

Cara

Boca

Barbilla

Cuello

Hombro

Oreja

Pecho

Codo

Brazo

Muñeca

Mano

Dedo

Pulgar

Extremidades inferiores

Las articulaciones de las caderas y las rodillas hacen que las piernas puedan moverse de muchas formas distintas. ¡Esos movimientos te permiten caminar, correr y saltar!

Tobillo

Cadera

Rodilla

Pierna

Pie

Respetar a los demás

Todos somos únicos. Esto significa que nadie es exactamente igual a otro. Las personas piensan de manera diferente unas de otras, tienen aspectos distintos y también actúan de forma diferente. Es importante respetar la singularidad de cada uno y comportarse bien con todo el mundo.

Bajo tu piel

Cuando miras tu **cuerpo**, puedes ver su **exterior**... ¡pero **dentro** pasan muchas cosas interesantes!

¿A que no sabías que la piel es el órgano más pesado del cuerpo?

Órganos

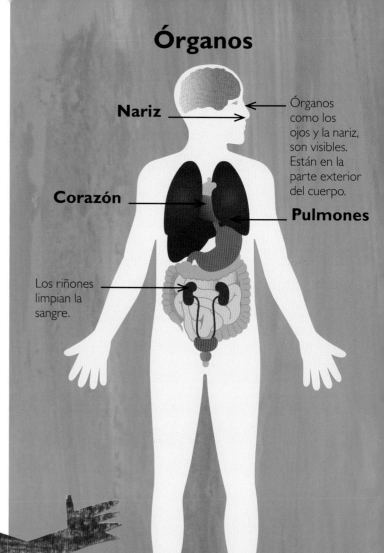

Nariz

Órganos como los ojos y la nariz, son visibles. Están en la parte exterior del cuerpo.

Corazón

Pulmones

Los riñones limpian la sangre.

El cuerpo tiene muchos órganos, todos ellos con funciones distintas. Tus pulmones te permiten respirar, tu corazón bombea sangre y tu nariz te sirve para oler.

Cerebro

El cerebro es un órgano muy importante. Indica a las otras partes del cuerpo qué tienen que hacer.

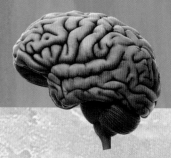

Músculos

Con los músculos de la cara puedes mostrar distintas emociones.

Los músculos de las piernas te permiten correr, saltar y trepar.

Gracias a los músculos, puedes moverte. De todos los del cuerpo, el músculo más grande es el glúteo mayor..., ¡que forma parte de tu trasero!

Esqueleto

El hueso maxilar te permite abrir y cerrar la boca para comer.

La caja torácica está hecha de 12 pares de huesos.

El esqueleto se compone de muchos huesos que están conectados entre sí. Los huesos son fuertes y ligeros, y se pueden ver en una imagen de rayos X.

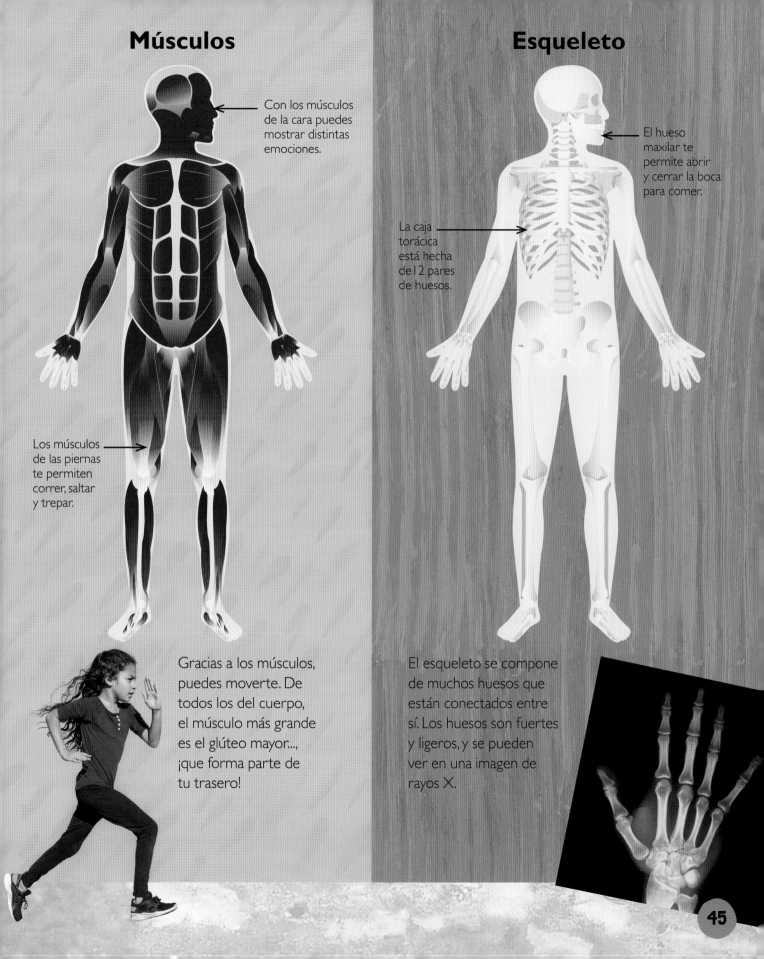

Sentidos especiales

Tus sentidos te ayudan a **explorar** y **entender** el mundo que te rodea. Te permiten gustar, ver, oír, tocar y oler.

Vista

El ojo es el responsable de la visión. La luz entra a través de la pupila —el círculo negro en su centro— y el cerebro la convierte en una imagen.

Los sentidos trabajan juntos para crear una imagen de lo que sucede a tu alrededor.

Gusto

La lengua está cubierta de pequeñas protuberancias llamadas papilas gustativas. Te indican si la comida es dulce, ácida, amarga o salada.

Olfato

La nariz humana puede oler alrededor de un billón de olores distintos. El sentido del olfato está relacionado con el del gusto.

Oído

Los sonidos son pequeñas vibraciones que los oídos captan y convierten en señales. Estas señales se envían por un nervio al cerebro, que interpreta a qué corresponden.

Tacto

El cuerpo utiliza la piel para sentir las cosas. Puede saber si están calientes o frías, son suaves o rugosas, están húmedas o secas.

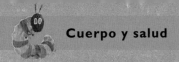
Antes de nacer

El bebé crece dentro de su madre durante nueve meses. Primero se forman los órganos más importantes, como el corazón y el cerebro; luego, los ojos y los oídos, y, más tarde, crecen las uñas. Poco a poco, el bebé se hace más y más grande.

2 meses
Mide como una frambuesa

3 meses
Mide como una ciruela

Cómo crecemos

Todos los **seres humanos** son pequeños al comienzo de su vida, y después, con el tiempo, crecen y **cambian**. Algunos adultos tienen a su vez hijos, y muchos llegan a ser abuelos. Esto es lo que conocemos como el **ciclo de la vida humana**.

Hacerse mayor

Las personas pueden ser muy diferentes entre sí, pero todas pasan por las mismas etapas de la vida a medida que se van haciendo mayores.

2. Niño
En la infancia, los niños aprenden muchas cosas nuevas y desarrollan diferentes intereses. Su cuerpo y su cerebro crecen muy deprisa.

1. Bebé
Los bebés necesitan la ayuda de sus padres o cuidadores para comer y estar a salvo. Crecen rápidamente y empiezan a gatear y a decir palabras.

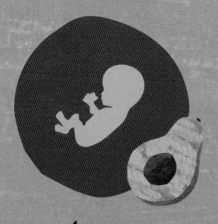

4 meses

Mide como un aguacate

6 meses

Mide como una mazorca de maíz

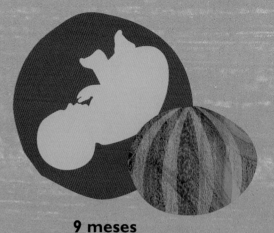

9 meses

Mide como una sandía

3. Adolescente

Los niños se convierten en adolescentes cuando cumplen trece años. Aprenden a hacer más cosas sin ayuda y empiezan a parecer adultos.

4. Adulto

Cuando una persona tiene alrededor de veinte años, ya está desarrollado del todo. El cuerpo suele ser más fuerte en la edad adulta temprana.

5. Persona mayor

Las personas mayores pueden tener canas y algunas arrugas en la piel. La mayoría de las personas vive más de setenta años.

Un plato saludable

Para estar sano, hay que comer muchos **alimentos diferentes**. Algunos son excelentes para darte la **energía** que necesitas, mientras que otros te ayudan a que tu cuerpo se ponga **fuerte**.

Naranja

Lima

Kiwi

Sandía

Zanahoria

Cereza

Huevo

Legumbres

Frutos secos

Carne

Pescado

Pasta

Fideos orientale

Proteínas
Los alimentos que contienen muchas proteínas, como la carne, el pescado y los frutos secos, ayudan a tu cuerpo a repararse y crecer.

Hidratos de carbono
La pasta, el pan, el arroz y las papas contienen hidratos de carbono. Te dan la energía que necesitas para jugar.

¿Cuál es tu comida favorita?

Agua
Necesitamos beber mucha agua para ayudar a eliminar los residuos y mantener nuestra temperatura normal.

Frutas y verduras
¡La fruta y la verdura son muy saludables! Mantienen sano nuestro cuerpo. Hay que tratar de comer muchas verduras y frutas de diferentes colores.

Limón

Brócoli

Piña

Plátano

Queso

Yogur

Leche

Chocolate

Mantequilla

Panqué

Aceite

Papas

Pan

Arroz

Productos lácteos
La leche, el queso y otros productos lácteos te ayudan a tener sanos los huesos y los dientes.

Grasas
Las grasas nos dan energía. Algunas grasas saludables, como las de los aguacates y el aceite de oliva, son buenas en pequeñas cantidades.

Cuida de tu cuerpo

Desde la cabeza hasta los dedos de los pies, tu **cuerpo es fantástico**. Cuídalo para mantenerte **sano**, fuerte y feliz.

Lávate los dientes

Es importante lavarse los dientes dos veces al día por delante y por detrás, durante dos minutos, para que tu sonrisa esté siempre brillante y fresca.

Lávate las manos

Debes lavarte las manos con agua y jabón después de ir al baño y antes de comer. Asegúrate de lavártelas durante al menos veinte segundos.

En marcha

El ejercicio mantiene tu cuerpo fuerte y te ayuda a sentirte bien. ¡Y puede ser muy divertido!

Bien limpio

Date una ducha todos los días para estar siempre bien limpio.

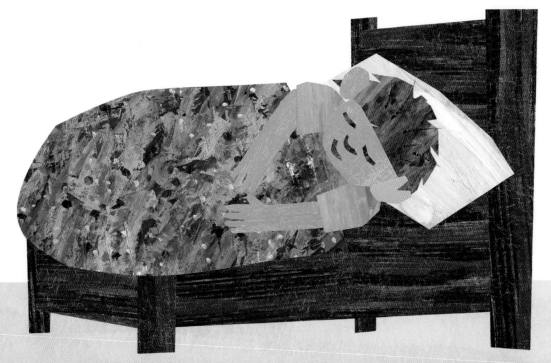

Sueño

Tu cuerpo y tu mente necesitan descansar, y así estar listos para un nuevo día. Intenta irte a dormir a la misma hora todos los días.

Bien seguros

La seguridad es importante porque **tú eres importante**. Hay muchas maneras de mantenerse seguro en la **calle** y en **casa**.

Protege tu cabeza llevando un casco cuando vayas en bici.

En la calle

Debes tener en cuenta varias cosas cuando sales de casa. Asegúrate de estar siempre cerca del adulto que te acompaña, habla solo con personas conocidas y ten mucho cuidado al acercarte a la avenida.

Seguros en casa

Tu casa suele ser un lugar seguro. Pero puede haber algunos peligros ocultos a los que debes prestar atención, así que procura tenerlos en cuenta.

Electricidad

Muchos aparatos funcionan con electricidad. No toques los enchufes, porque puedes sufrir una descarga eléctrica.

Objetos calientes

Mantente lejos de objetos calientes como la tetera, ya que te puedes quemar. Cuando abras el agua caliente, toca solo la llave.

No sueltes la mano del adulto y mira a ambos lados antes de cruzar la calle.

Cruza la calle solo cuando sea seguro. Algunos cruces tienen semáforos que te indican cuándo puedes cruzar.

Primeros auxilios

Si te has lastimado, díselo siempre a un adulto, porque podría tener un botiquín para ayudarte.

Cocinar

Cocinar es divertido, pero pídele ayuda a un adulto si necesitas usar aparatos eléctricos. Ten cuidado con el horno, las hornillas y los cuchillos.

Productos de limpieza

Es mejor no tocar las botellas y los aerosoles que se usan para limpiar. Pueden contener productos químicos dañinos.

Seguridad en internet

Es divertido jugar y aprender en internet, pero solo debes conectarte bajo la supervisión de un adulto y no hables nunca con desconocidos.

Emociones

Muestras tus emociones, o sentimientos, a través de las expresiones de tu rostro, y esto ayuda a otros a saber cómo estás. Explicar cómo nos sentimos nos ayuda a sentirnos mejor.

¿Cómo te sientes?

Los **sentimientos** son importantes. Comienzan en lo profundo de tu cerebro, pero pueden afectar a **tu cuerpo**. Es importante prestar atención a cómo nos sentimos.

Triste　　　　**Feliz**

Enfadada　　**Asustada**

Sorprendido　　**Preocupada**

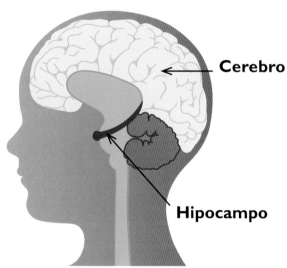

Cerebro

Hipocampo

Tener miedo

Cuando algo que da miedo sucede cerca, tus sentidos envían señales a una parte de tu cerebro llamada hipocampo. Este envía después mensajes al resto de tu cuerpo para decirle cómo reaccionar.

Amigos

Mascotas

Deportes

Leer

Pintar

¿Qué te hace feliz?

Juegos

Música

57

Sentirse mejor

Los médicos nos ayudan a mantenernos sanos o a sentirnos mejor cuando estamos enfermos. La **doctora** se asegura de que tu cuerpo está sano y de que crece bien. A veces utiliza instrumentos especiales.

Medidor

Esta vara de medir tiene una regla y se utiliza para medir tu altura.

Médico

Los médicos trabajan en las clínicas o en los hospitales. Tratan a las personas cuando están heridas o enfermas.

Rayos X

Los aparatos de rayos X toman imágenes especiales que permiten a los médicos ver el cuerpo por dentro.

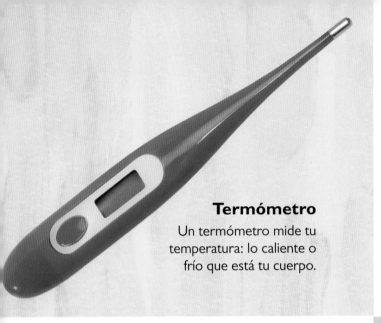

Termómetro

Un termómetro mide tu temperatura: lo caliente o frío que está tu cuerpo.

Estetoscopio

Con el estetoscopio, el médico escucha tu respiración y los latidos de tu corazón.

Otoscopio

Con el otoscopio, la doctora revisa el interior de los oídos, la nariz y la garganta.

Medicamentos

Cuando estás enfermo, un médico puede darte un medicamento para que te sientas mejor.

Vendas

Si te haces una herida, te la cubren con vendas para que se mantenga limpia mientras se cura.

Jengibre   Bayas de goji   Ginseng

Remedios naturales

Son muy comunes en la medicina tradicional china, por ejemplo.

La Tierra

Los continentes

La tierra firme del planeta está dividida en siete **continentes**, cada uno de ellos con sus lugares destacados, plantas, animales y gente.

América del Norte

El **Golden Gate** es uno de los puentes más famosos del mundo. Está en San Francisco.

En cada continente hay muchos países, salvo en la helada Antártida.

América del Sur

La **selva del Amazonas** es el hogar de millones de especies de plantas y animales. La mayoría están en Brasil.

La **aurora boreal** son unas hermosas luces verdes en el cielo nocturno. Se pueden ver en muchos países del norte.

La cordillera del **Himalaya** está en Asia. La componen más de cincuenta montañas.

Europa

Asia

África

Los **aborígenes australianos** viven en Australia desde hace miles de años. Su tradición es una de las más antiguas del país y crean muchos tipos de arte.

Oceanía

En Kenia viven muchas tribus, como, por ejemplo, los **masáis**. Cada tribu tiene sus propias tradiciones, su propia música y su propia vestimenta.

Pingüinos

Antártida

Asia

Asia es el **continente más grande**. Alberga multitud de **países**, **culturas** y **paisajes** distintos. También es donde vive **más gente**..., ¡más de la mitad de la población mundial!

En el mapa se indican con una estrella algunas capitales. La capital es donde está el Gobierno de un país.

Oso panda

Petra es una **antigua ciudad** excavada en la roca.

Petra

Yak

Taskent, Uzbekistán

Teherán, Irán

Cabra silvestre

Himalaya

Cedro del Líbano

Nueva Delhi, India

Caballo árabe

Asia

Especias

La cocina de la India puede ser muy colorida y usa muchas especias diferentes.

Taj Mahal

Este edificio de la India, de mármol blanco, fue construido en el siglo XVII por el emperador Sha Jahan en memoria de su esposa.

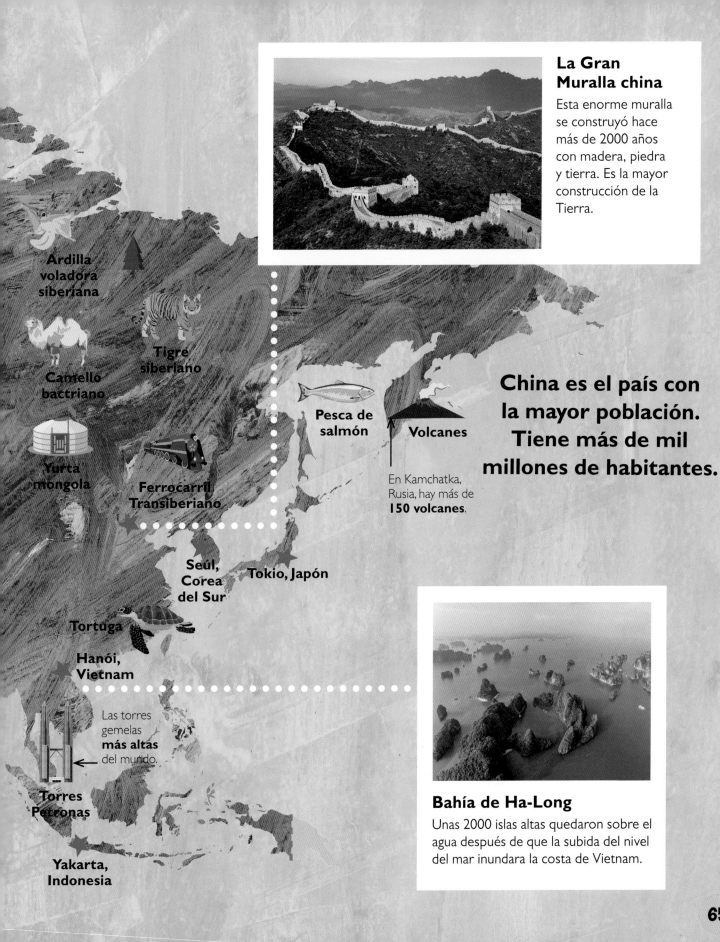

La Gran Muralla china

Esta enorme muralla se construyó hace más de 2000 años con madera, piedra y tierra. Es la mayor construcción de la Tierra.

Ardilla voladora siberiana

Camello bactriano

Tigre siberiano

Pesca de salmón

Volcanes

En Kamchatka, Rusia, hay más de **150 volcanes**.

China es el país con la mayor población. Tiene más de mil millones de habitantes.

Yurta mongola

Ferrocarril Transiberiano

Seúl, Corea del Sur

Tokio, Japón

Tortuga

Hanói, Vietnam

Las torres gemelas **más altas del mundo.**

Torres Petronas

Yakarta, Indonesia

Bahía de Ha-Long

Unas 2000 islas altas quedaron sobre el agua después de que la subida del nivel del mar inundara la costa de Vietnam.

América del Norte y América del Sur

Estos dos continentes están **unidos** por una delgada franja de tierra. Allí hay altas **cordilleras**, húmedas **selvas** y muchos **animales** asombrosos.

El pueblo inuit

Los inuits viven en el norte del continente, donde hace mucho frío. Mantienen el calor con gruesos abrigos de piel.

Barco de pesca

La **Estatua de la Libertad** da la bienvenida a los barcos que llegan a Nueva York.

Ottawa
Canadá

Washington, D.C.

Hockey

América del Norte

Alce

Serpiente de cascabel

Montañas rocosas

Nutria marina

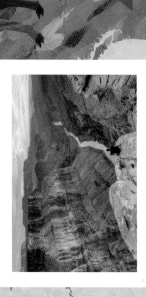

Gran Cañón

Este profundo valle lo formó un solo río que fue labrando su camino en la roca durante millones de años.

Tortuga verde

El río Amazonas contiene más agua que ningún otro. Fluye a través de la selva amazónica.

América del Sur

Carnaval de Río

Este festival en Brasil, que dura varios días, está lleno de bailes, desfiles y música.

Llama

Tucán

Quito, Ecuador

Los Andes

Ciudad de México, México

El Castillo es un templo de piedra que los mayas construyeron hace unos 1000 años.

En el **lago Titicaca**, los habitantes locales construyen barcas con cañas.

El Aconcagua es la montaña más alta de América.

Santiago, Chile

Cóndor andino

Ballena azul

Machu Picchu

En las montañas de Perú están las ruinas de Machu Picchu, una ciudad que los incas construyeron en el siglo xv.

Quito, en Ecuador, es la capital a mayor altitud del mundo.

Patagonia

En el extremo sur del continente está la Patagonia. Los helados glaciares (enormes ríos de hielo) se deslizan por las montañas, y los vientos gélidos soplan desde la cercana Antártida.

Reikiavik, Islandia

Volcán Eyjafjallajökull

La Laguna Azul

El agua caliente de esta laguna emerge del interior de la Tierra. Gente de muchos lugares viene para bañarse.

Reno

Esquí

Estocolmo, Suecia

Frailecillos

Esta famosa **torre** está en París, Francia

Copenhague, Dinamarca

Stonehenge

Londres, Reino Unido

Tulipanes

Berlín, Alemania

Hormiga roja

Este **monumento** lo construyó un pueblo prehistórico hace unos 5000 años.

Torre Eiffel

Viena, Austria

Oveja

Los Alpes

Torre de Pisa

Este **baile** es popular en algunas regiones de España.

Los Pirineos

Esta **antigua torre** se inclina hacia un lado, pero ¡nunca se cayó!

Juegos Olímpicos

Lisboa, Portugal

Flamenco

En Europa hay casi 50 países

Crucero

Los **Juegos Olímpicos** se celebraron por primera vez en Grecia hace más de 2000 años.

Liebre de montaña

Este árbol se usa como **árbol de Navidad**.

Estas **joyas** en forma de **huevo** se hicieron para los soberanos de Rusia.

Glotón

Pícea de Noruega

Huevo de Fabergé

Águila real

Oso pardo

Bisonte europeo

Moscú, Rusia

Jabalí

Kiev, Ucrania

Playas

Balalaika

Monte Elbrús

Foca monje

Europa

Montes Urales

Esta cadena montañosa de Rusia es parte de la frontera entre Europa y Asia.

Catedral de San Basilio

Este famoso edificio de Moscú, Rusia, tiene más de 450 años. Sus cúpulas en forma de cebolla están pintadas con colores vivos.

Europa

En este continente hay muchos **países** y **lenguas**. En el norte hace frío y hay bosques y lagos helados, mientras que en el sur hace calor y brilla más el sol.

África

Este enorme continente es el **segundo más grande** del mundo. En África, puedes encontrar **selvas tropicales**, **desiertos**, **lagos** y **sabanas** y también el desierto más grande del mundo, el Sáhara.

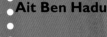

Los ladrillos de esta fortaleza son de barro rojo.

Ait Ben Hadu

Marrakech

Esta ciudad de Marruecos es famosa por sus bulliciosos mercados, donde se venden especias, joyas y cuero.

Desierto del Sáhara

Crecen en las cálidas selvas de África occidental.

Plátanos

Acra, Ghana

África

Cataratas Victoria

Esta enorme catarata está en la frontera entre Zambia y Zimbabue. Es una de las cataratas más grandes del mundo.

Jirafa

Este es el río más largo del mundo

El Cairo, Egipto

Víbora cornuda

Río Nilo

Cocodrilo

Las pirámides

Los antiguos egipcios las construyeron hace más de 4500 años. Las pirámides se usaban para enterrar a los soberanos de Egipto: las faraonas y los faraones.

Recua de camellos

Las caravanas de camellos **llevan gente o productos** de un lugar a otro.

Roca Zuma

Elefante

Búfalo cafre

Los primeros seres humanos de la Tierra vivieron en el sur de África hace millones de años.

Gorila

Nairobi, Kenia

Kinsasa, R. D. Congo

Es la montaña más alta de África.

Monte Kilimanjaro

Okapi

Escarabajo pelotero

León

Lémur de cola anillada

Pretoria, Sudáfrica

Parques nacionales

En África hay muchos parques nacionales, que son el hogar de cientos de animales, como jirafas, rinocerontes y guepardos.

Montaña de la Mesa

Oceanía

Oceanía, alejada de los demás continentes, es el hogar de muchos **animales** y plantas **únicos**. Las **cálidas aguas** que rodean sus numerosas islas están llenas de coloridos **arrecifes de coral**.

Esta isla está dividida entre dos continentes. La parte oriental está en **Oceanía** y la parte occidental, en Asia.

Canguro

Dragón barbudo **Cocodrilo**

Australia es el **país más grande** de Oceanía.

Uluru

Dingo

Una colorida **piedra preciosa** que se halla en algunas rocas.

Ópalo

Quokkas

Estos adorables animales viven en el oeste de Australia. Las madres mantienen a sus bebés en una bolsa en la barriga, como los canguros.

Ferrocarril Indian Pacific

Esta **línea de tren** atraviesa toda Australia.

Oceanía

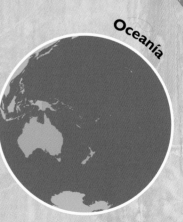

72

Gran Barrera de Coral

Los arrecifes están formados por unos animales llamados corales y están llenos de peces de colores. La Gran Barrera de Coral es el mayor arrecife del mundo.

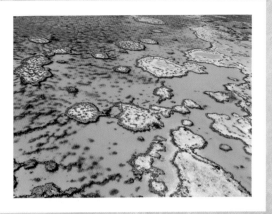

Port Moresby, Papúa Nueva Guinea

Ornitorrinco

Buceo

Koala

Surf

Tiburones

All Blacks

El equipo de rugby de Nueva Zelanda son los All Blacks, uno de los mejores del mundo. Su uniforme es negro y, antes de cada partido, bailan la *haka*, la danza de guerra tradicional maorí.

Faro del cabo Byron

El techo de este auditorio de ópera recuerda las **velas de un barco**.

Ópera de Sídney

El **pueblo maorí** vive en Aotearoa (ahora conocida como Nueva Zelanda) desde hace unos 700 años.

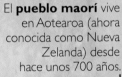

Camberra, Australia

Casa de reunión maorí

Fútbol australiano

Esta espectacular cascada está en **Tasmania**, una isla que forma parte de Australia.

Cataratas de Nelson

Wellington, Nueva Zelanda

Hay más de 10 000 islas en Oceanía.

Pingüino de ojo amarillo

Kiwi

Cómo es la Tierra

Nuestro planeta es una enorme esfera compuesta por cinco **capas**. Nosotros vivimos sobre la capa de arriba. En el centro de la Tierra hay **roca líquida**.

Tendrías que cavar 6400 km hacia abajo para llegar al centro de la Tierra.

Corteza

La corteza es la capa superior de la Tierra y la más exterior. Está hecha principalmente de roca.

Manto superior

El manto superior está pegado a la corteza. Contiene roca sólida y roca fundida, líquida y muy caliente.

Manto inferior

Está capa está hecha de roca sólida caliente. Es más gruesa que el manto superior.

Núcleo externo

El núcleo externo está hecho de metal líquido muy caliente que está en movimiento.

Núcleo interno

El centro del planeta está formado por metal sólido muy caliente.

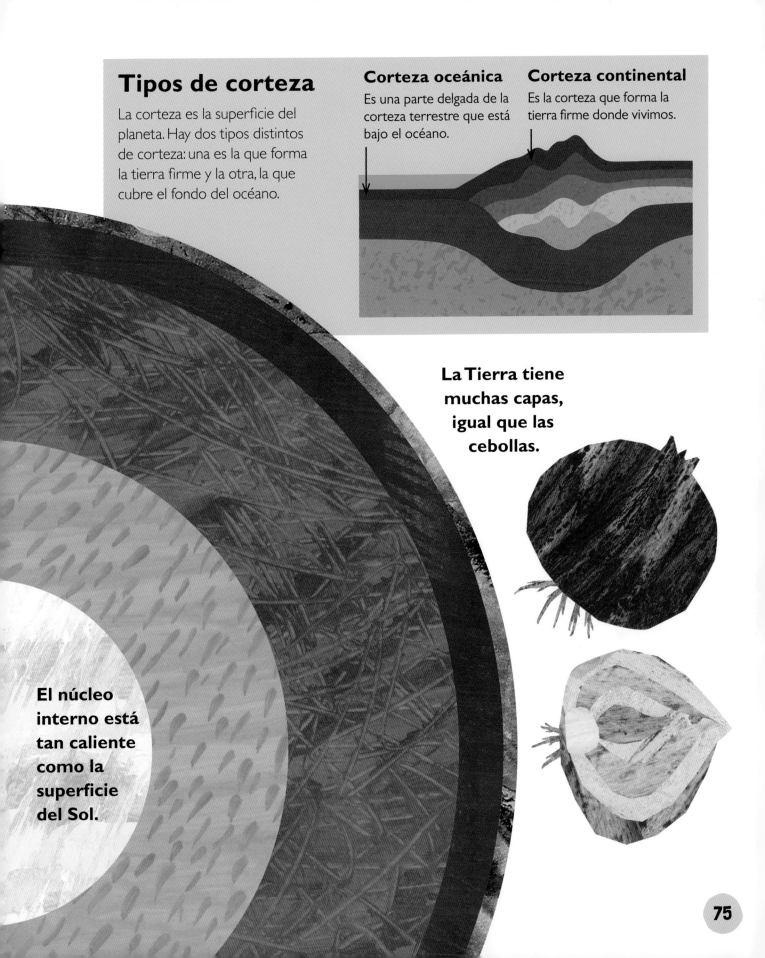

Tipos de corteza

La corteza es la superficie del planeta. Hay dos tipos distintos de corteza: una es la que forma la tierra firme y la otra, la que cubre el fondo del océano.

Corteza oceánica

Es una parte delgada de la corteza terrestre que está bajo el océano.

Corteza continental

Es la corteza que forma la tierra firme donde vivimos.

La Tierra tiene muchas capas, igual que las cebollas.

El núcleo interno está tan caliente como la superficie del Sol.

Dentro de un volcán

La roca fundida se acumula dentro de un volcán en un área llamada «cámara magmática». El magma se enfría y se convierte en roca o entra en erupción para convertirse en lava.

Cámara magmática

Erupción

Cuando un volcán entra en erupción, el magma caliente asciende y sale por una abertura en la parte superior.

Volcanes

Los volcanes son increíbles, pero peligrosos. Son enormes **montañas** llenas de roca fundida muy caliente: el **magma**. Cuando entran en erupción, arrojan magma ardiente a la atmósfera.

Nube de ceniza

Durante una erupción, pequeños pedazos de roca y magma salen disparados de los volcanes en forma de enormes nubes. La ceniza puede viajar muy lejos y afectar al clima de todo el mundo.

Lava

Cuando el magma caliente sale de un volcán, recibe el nombre de «lava». Puede salir a la atmósfera como un surtidor y luego fluir por la ladera del volcán como un río. Cuando se enfría, se convierte en roca.

Tipos de volcán

Volcán activo

Si un volcán entró en erupción en los últimos 10000 años, se dice que está «activo», y podría entrar en erupción en cualquier momento.

Volcán durmiente

Un volcán durmiente podría entrar en erupción algún día.

Volcán extinto

Un volcán extinto es aquel que no entró en erupción desde hace mucho tiempo y los científicos creen que ya no volverá a hacerlo.

Terremotos

Durante un terremoto, **el suelo tiembla**. A veces tiembla solo un poco..., y otras veces, ¡mucho! Cada año tienen lugar más de un millón de terremotos, pero los grandes no ocurren con mucha frecuencia.

Escala de Richter

| | 1 | 2 | 3 |

Para medir la fuerza de un terremoto se usa la escala de Richter, que inventó un científico estadounidense en 1934. Cuanto mayor es el número, más fuerte es el terremoto.

Suave

En general, los terremotos pequeños, por debajo de 3 en la escala, casi no los notamos.

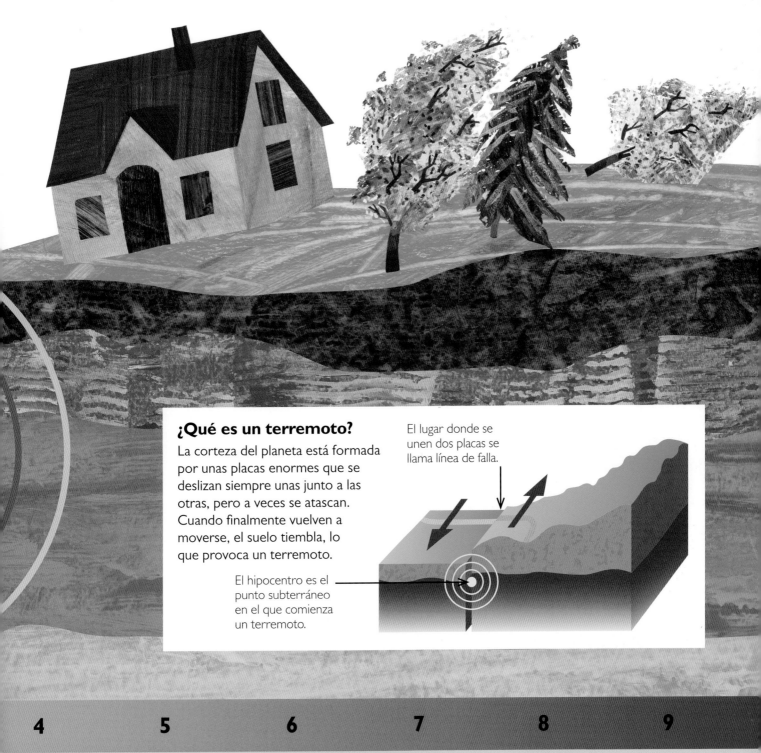

¿Qué es un terremoto?

La corteza del planeta está formada por unas placas enormes que se deslizan siempre unas junto a las otras, pero a veces se atascan. Cuando finalmente vuelven a moverse, el suelo tiembla, lo que provoca un terremoto.

El lugar donde se unen dos placas se llama línea de falla.

El hipocentro es el punto subterráneo en el que comienza un terremoto.

4   5   6   7   8   9

Medio

Los que están alrededor del 5 en la escala pueden causar algunos daños, como ventanas rotas.

Fuerte

Si sobrepasan el 8, pueden causar muchos destrozos.

79

La cima del mundo

Hay montañas en todo el mundo. A menudo son muy **altas** y sus **cimas** están cubiertas de **nieve**, incluso en verano. Por lo general, tienen laderas muy empinadas y se elevan por encima del paisaje que las rodea.

Kilimanjaro

La montaña más alta de África es el Kilimanjaro. En realidad es un volcán, aunque hace mucho que no entra en erupción.

Monte Elbrús

Esta montaña es la más alta de Rusia y de Europa. Su cumbre está siempre cubierta de nieve.

Macizo Vinson, Antártida
4897 m

Elbrús, Rusia
5642 m

Kilimanjaro, Tanzania
5895 m

¿Cómo se forman las montañas?

Las montañas se forman cuando los trozos de la corteza terrestre, llamadas placas tectónicas, se empujan entre sí.

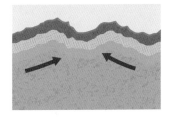

Montaña plegada

La mayoría son montañas plegadas. Se forman al empujarse las placas lentamente entre sí y crear pliegues.

Montaña en bloque

Se forman a lo largo de una grieta en la corteza terrestre, cuando un lado empuja hacia arriba y el otro, hacia abajo.

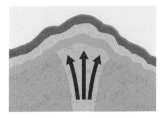

Montañas domo

Si la roca líquida caliente del interior de la Tierra empuja el suelo hacia arriba, crea una montaña en forma de cúpula.

La montaña más alta

La montaña más alta del mundo es el monte Everest, en la frontera entre China y Nepal. Más de 4000 valientes escaladores llegaron a subir a su cima.

Monte Everest, frontera entre China y Nepal
8848 m

Aconcagua, Argentina
6960 m

Denali, EE.UU.
6190 m

Bajo el mar

El océano es mucho más grande de lo que parece, porque es muy **profundo**. Las partes poco profundas son cálidas y están llenas de luz, pero más abajo es oscuro y frío. En cada nivel hay **seres vivos** distintos.

Zona soleada

La capa superior del océano contiene la mayoría de las plantas y animales. Recibe la mayor cantidad de luz solar, por lo que es la más cálida.

Zona crepuscular

A esta profundidad no llega mucha luz solar, y por eso aquí no crecen plantas. Hay peces y otros animales, pero muchos deben nadar hasta la zona iluminada para encontrar comida.

Zona batial

Animales como la estrella de mar se adhieren al lecho marino.

A las partes más profundas no llega la luz. Muchos animales brillan para poder encontrar comida en el agua oscura o asustar a los depredadores.

29 por ciento de tierra

71 por ciento de agua

Mundo acuático

A nuestro planeta se lo conoce como el «planeta azul» porque en gran parte está cubierto por el agua.

Es fácil ver por qué se llama pez espada. Tiene una trompa larga y afilada que usa para atacar a otros peces.

Muy pocas criaturas viven por debajo de la zona batial, en las zonas llamadas abisal y hadal.

¿Mar u océano?

La Tierra tiene cinco grandes océanos y muchos mares. Estos son más pequeños que los océanos y suelen estar cerca de la tierra. El agua de los mares y de los océanos no se puede beber porque ¡es demasiado salada!

En el desierto

Solemos imaginar un desierto como un lugar lleno de arena en el que hace mucho calor. Pero un desierto es cualquier lugar donde **casi nunca llueve**. Los desiertos pueden ser cálidos o fríos, y estar tierra adentro o junto al mar.

Desierto del Sáhara

Desiertos cálidos

Con sus cielos sin nubes, los días del desierto pueden ser muy calurosos, pero por la noche se vuelven fríos. El Sáhara, en África, es el desierto más cálido del mundo.

Palmera

Chita

Geografía del desierto

En los desiertos, durante miles de años, se pueden formar diferentes geografías. Los fuertes vientos, el calor y el agua modelan y dan forma a la tierra.

Oasis

Un oasis es un lugar en el desierto en el que hay árboles, plantas y agua.

Desierto de Gobi

Desierto de Atacama

Desiertos fríos

Los desiertos fríos cambian de temperatura con las estaciones. El desierto de Gobi, en Asia, alcanza los -40 °C en invierno, ¡el doble de frío que un congelador!

Desiertos costeros

Están situados donde el océano se encuentra con la tierra, y pueden pasar años sin que llueva en ellos. Sin embargo, el aire frío del océano a menudo crea una niebla espesa.

Camello

Yurta

Flamenco

Cactus

Tormenta de arena

Una tormenta de arena levanta enormes nubes de polvo, arena y tierra en el desierto.

Buttes

Estas colinas de cima plana con laderas abruptas se conocen como *buttes*.

85

Rocas y minerales

Las rocas se forman a partir de pequeños granos de **minerales** (sustancias naturales inertes). Hay muchos tipos de rocas: algunas son **duras**, mientras que otras son **blandas** y quebradizas.

La obsidiana es una roca ígnea, se conoce como vidrio volcánico.

Rocas ígneas

Estas rocas aparecen cuando el magma (roca fundida caliente) se enfría. Se forman bajo tierra o después de la erupción de un volcán.

Puente de granito

Los fósiles se encuentran sobre todo en las rocas sedimentarias.

Rocas sedimentarias

Las rocas sedimentarias se forman cuando el viento o la lluvia rompen las rocas en pedazos diminutos, que luego se comprimen. La piedra caliza y la arenisca son sedimentarias.

Acantilados de caliza

Las excavadoras nos ayudan a encontrar rocas y minerales en la tierra.

El mármol está hecho de piedra caliza y otros minerales.

Rocas metamórficas

Se forman cuando las rocas sedimentarias o ígneas se comprimen y se calientan bajo tierra. El mármol y la pizarra son rocas metamórficas.

Estatua de mármol

Piedras preciosas

Las piedras preciosas son cristales duros y coloridos formados a partir de minerales. A menudo se utilizan en joyería, después de haber sido extraídos de la tierra, cortados y pulidos.

Mineral rojo
Granate

Mineral amarillo
Pirita

Mineral blanco
Piedra de luna

Mineral verde
Jade

Mineral azul verdoso
Turquesa

Mineral violeta
Amatista

La maravilla del agua

¿Alguna vez te has preguntado de dónde viene la lluvia? **El agua siempre está en movimiento**: fluye hacia el mar, sube hacia el cielo y cae en forma de lluvia. Esto se llama el «ciclo del agua».

2. Nubes

A medida que sube, el vapor de agua se enfría nuevamente y se convierte en pequeñas gotas que se unen y forman nubes.

1. Vapor de agua

El sol calienta la superficie del océano y hace que el agua pase de ser líquida a gaseosa, y se convierta en vapor de agua, que se eleva desde el mar.

3. Lluvia

Cuando las nubes se vuelven más pesadas que el aire que las rodea, el agua cae en forma de lluvia, nieve o granizo.

4. De vuelta al mar

El agua de lluvia forma arroyos y fluye hasta los ríos y regresa al mar, donde el ciclo comienza nuevamente.

Tipos de agua

Agua salada

El agua de los mares y los océanos es salada. El agua recoge la sal de las rocas mientras corre hacia el mar.

Agua dulce

El agua de ríos, lagos y arroyos es dulce. Sin embargo, la mayor parte del agua dulce de la Tierra se encuentra en forma de hielo.

¿Cómo está el tiempo?

Lluvia o viento, calor o frío, nieve o sol: el clima es lo que **sucede en el aire** que nos rodea. En cada región del mundo hace un tiempo diferente.

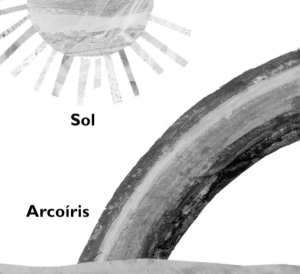

Sol

Arcoíris

Fenómenos meteorológicos

El tiempo cambia cuando el aire se enfría o se calienta. Estas diferencias de temperatura hacen que el tiempo se mueva por la atmósfera y produzca viento y lluvia.

Vestirse

El clima determina la ropa que nos ponemos, que nos ayuda a estar calientes, frescos o secos.

90

Lluvia

Nieve

Viento

Mal tiempo

Los fenómenos extremos, como las grandes tormentas, pueden causar inundaciones, incendios y muchos destrozos.

Tormentas eléctricas

Son ruidosas y pueden ser muy espectaculares. Los truenos y los relámpagos ocurren cuando de una nube surge electricidad, lo que hace que el aire se caliente y se produzca un sonido retumbante.

Tornados

Los tornados son vientos muy rápidos que giran en círculos. Pueden volcar coches y arrancar árboles de raíz.

Invierno

¡Es una estación fría!
A veces nieva y los
charcos y estanques se
hielan. Muchos árboles
se quedan sin hojas.

Estaciones

El **tiempo atmosférico** cambia
a lo largo del año, ¡y se puede ver
cómo **cambia la naturaleza**
con él! En muchas partes del
mundo hay cuatro estaciones.

Primavera

En primavera, el
clima se vuelve un
poco más cálido.
Hojas y flores de
brotan de algunos
árboles, y nacen
muchos animales.

Verano

El sol brilla más en verano. Muchas flores se abren para absorber su luz, y la fruta madura en algunos árboles.

Otoño

En esta estación, las hojas de muchos árboles se vuelven doradas y caen. Hace más frío y algunos animales hibernan.

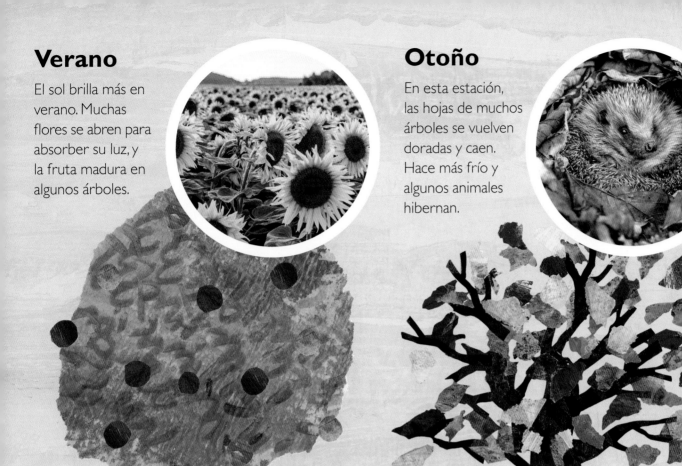

Dos estaciones

Los países tropicales están cerca del ecuador, que es una línea invisible que rodea la Tierra y la divide en dos. En estos lugares, la temperatura se mantiene cálida todo el año. Allí solo hay dos estaciones: una estación seca y una estación húmeda, muy lluviosa, llamada monzón.

Estación húmeda en Bangladés

Proteger el planeta

La Tierra nos da lo que necesitamos para vivir, pero sus **recursos** no son ilimitados. Hay **pequeños cambios** que podemos hacer para cuidarla.

Recicla y reutiliza

Cuando tiramos cosas, no desaparecen sin más. Muchas se queman o van al vertedero, pero otras pueden reciclarse. Reciclar es convertir los residuos en algo nuevo.

Evita los plásticos

El plástico es un gran problema. Es difícil deshacerse de él y perjudica a los animales. Podemos ayudar reutilizando las bolsas y comprando juguetes de madera o reciclados en vez de plástico.

El planeta se calienta

La tecnología, el transporte y las fábricas requieren mucha energía. Producir esta energía emite gases que hacen que el planeta se caliente más. Esto tiene un efecto nocivo para los animales y para toda la naturaleza y hace que se derrita el hielo de los polos.

Camina o ve en bicicleta

¡Salir de casa sin usar el coche es fantástico! Es igual si vas a pie, en bicicleta, en patines o en monopatín: te divertirás al mismo tiempo que cuidas del planeta.

¡Que corra la voz!

Cuéntales a los demás lo importante que es mantener sano el planeta. Haz un póster y ponlo en tu ventana, crea un club de jardinería u organiza una recolección de basura con tu familia.

Cultiva

Cultivar plantas en casa o en la escuela ayuda a que el aire esté más limpio porque las plantas producen el oxígeno que utilizamos para respirar.

Animales y naturaleza

Seres vivos

Estamos rodeados de seres vivos, desde los **pájaros** y los **árboles** del bosque hasta las flores y los pequeños insectos del jardín. Todos los animales, plantas y hongos son seres vivos.

¿Qué hacen los seres vivos?

Los seres vivos respiran, crecen, comen, se mueven y crean nueva vida. Los animales tienen crías y las plantas producen semillas.

Animales
Un animal, como un pez, un gato o un gorila, es un ser vivo.

Seres vivos

Respiran

Crecen y mueren

Necesitan comida   **Necesitan agua**

Plantas

Las plantas son seres vivos que crecen en la tierra y en el agua, como la hierba, las flores y los árboles.

Si encuentras una seta en el campo, no la toques, podría ser venenosa.

¿Qué distingue a las plantas de los animales?

Las plantas fabrican su propio alimento, pero los animales necesitan comer plantas u otros animales para sobrevivir. Además, las plantas tienen raíces que las fijan a la superficie en la que crecen, mientras que los animales se mueven con mayor libertad y rapidez.

Hongos

Las setas y los mohos son tipos de hongos. Los hongos se alimentan de plantas y animales vivos o muertos.

Objetos inertes

El planeta está lleno de cosas sin vida que ayudan a las plantas y a los animales a sobrevivir. Algunas son naturales y otras las hizo el hombre.

Agua

Desde las hormigas hasta los elefantes, todos los animales necesitan agua para sobrevivir.

Luz

La luz es importante para todos los seres vivos. Las plantas usan la luz solar para producir su alimento.

Objetos hechos por el hombre

Muchos de los objetos que nos rodean, como esta pala de plástico, fueron creados por los seres humanos.

Tierra

Para vivir, las plantas necesitan tierra en la que hundir sus raíces para absorber agua y alimento y poder mantenerse en pie.

Minerales

Las plantas usan estas sustancias, que están en las rocas y el suelo, como su alimento para crecer.

Plantas y árboles

Todos los días vemos plantas en nuestros **jardines**, en los **parques** y en las macetas de nuestras **casas**. Las plantas nos proporcionan frutas, verduras, medicinas y materiales para fabricar ropa.

Flor

Hojas

Tallo

Raíces

Flores

Las flores son las partes coloridas de las plantas. A veces verás abejas que zumban a su alrededor.

Coníferas

Los árboles que producen piñas, como los pinos y los abetos, se llaman coníferas.

Helechos

Son verdes y frondosos. En las hojas tienen esporas, unos puntitos que parecen semillas de las que crecen nuevos helechos.

Plantas

Hay plantas de todos los colores, formas y tamaños. Dan hogar y alimento a muchos seres vivos.

Musgo

El musgo parece una suave alfombra verde que crece en los árboles, las rocas y el suelo.

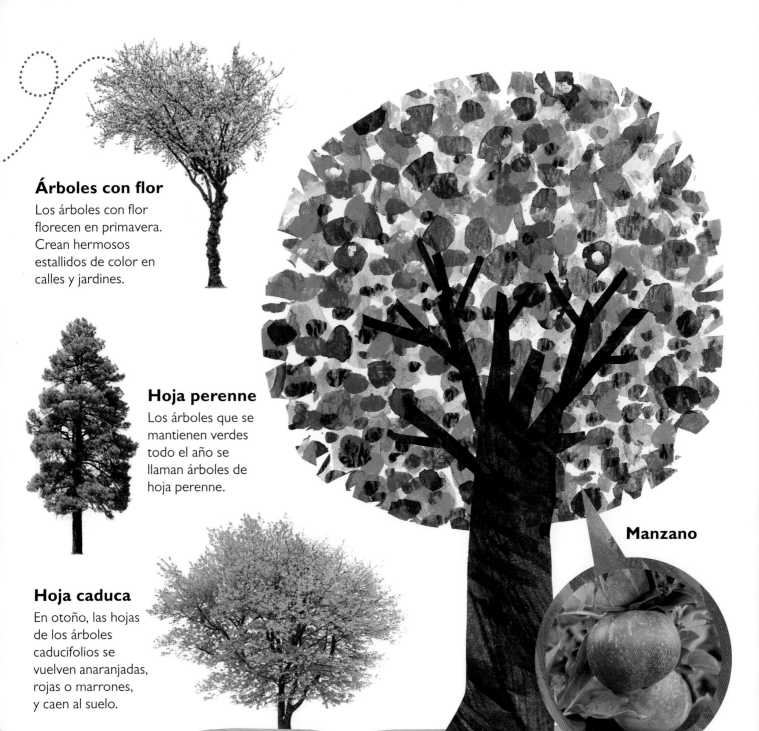

Árboles con flor

Los árboles con flor florecen en primavera. Crean hermosos estallidos de color en calles y jardines.

Hoja perenne

Los árboles que se mantienen verdes todo el año se llaman árboles de hoja perenne.

Hoja caduca

En otoño, las hojas de los árboles caducifolios se vuelven anaranjadas, rojas o marrones, y caen al suelo.

Manzano

Árboles

Los árboles son plantas altas. Tienen hojas, ramas y tallos gruesos llamados troncos, y pueden vivir miles de años.

Árboles frutales

Muchos árboles dan frutos que se pueden comer, como las manzanas, las peras o las naranjas.

¿Cómo crecen las plantas?

Una planta comienza su vida como una pequeña **semilla**. Como tú, necesita **alimento** para crecer, pero crea su comida con el sol y la tierra. Sus **raíces** se hunden en la tierra para absorber el agua.

Esparcir semillas

Una planta comienza como una semilla que contiene lo que necesita para crecer. Algunas semillas son muy ligeras y por su forma flotan en el aire y se propagan a otros lugares con el viento. Otras las llevan insectos y animales.

2. Asoma

La primera raíz de la planta comienza a crecer en el suelo. Los diminutos pelos de la raíz absorben agua.

3. El brote crece

Una planta joven, o plántula, brota de la tierra. El breve brote se endereza hacia la luz del sol.

1. Semilla

Una semilla germina cuando comienza a crecer. Absorbe agua y, a medida que se hincha, su tegumento o envoltura se abre.

5. Desarrollo completo

La planta está ya del todo desarrollada. Muchas plantas viven solo una temporada, pero algunos árboles pueden vivir cientos de años.

4. Salen las hojas

Las hojas de la planta se vuelven hacia el sol. Algunas plantas también producen flores o frutos.

Las semillas comienzan a convertirse en plantas si tienen agua y luz solar suficientes.

Las plantas toman dióxido de carbono del aire.

Las plantas producen oxígeno, que los animales necesitan para respirar.

Fotosíntesis

Las plantas fabrican su propio alimento con la fotosíntesis. Sus hojas obtienen energía de la luz solar y la utilizan para convertir el agua y un gas llamado dióxido de carbono en azúcares.

Las plantas toman agua del suelo.

Todo tipo de animales

Desde grandes ballenas azules hasta pequeñas mariquitas, el mundo está lleno de animales fascinantes. Todos tienen **características** especiales que los ayudan a **sobrevivir**. Los animales se dividen en **seis grupos principales**.

Reptiles

Tienen la piel dura y escamosa, y entre ellos están las serpientes, los cocodrilos y las lagartijas. La mayoría ponen huevos.

Los camaleones pueden cambiar el color de su piel para camuflarse en su frondoso entorno.

Las ranas dan grandes saltos con sus fuertes patas traseras.

Invertebrados

No tienen columna vertebral. Entre ellos están los insectos, las medusas y los gusanos. Son el grupo de animales más numeroso.

Las arañas tienen ocho patas delgadas. Producen seda con la que tejen sus telas.

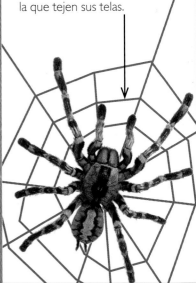

Anfibios

Los tritones, las ranas y los sapos son anfibios. Tienen sangre fría y pueden vivir tanto en el agua como en la tierra.

¿Cómo vuela un ave?

La mayoría de las aves pueden volar. Baten sus alas para impulsarse hacia adelante usando los fuertes músculos que tienen en el pecho. Tienen aire en los huesos, lo que las hace ligeras para volar.

Cuando un pájaro vuela, se crea presión en el aire debajo de sus alas, que lo empuja hacia arriba.

Mamíferos

¿Sabías que los humanos somos mamíferos? Los mamíferos tienen pelo o piel y alimentan a los recién nacidos con leche materna.

Los tigres son unos felinos muy grandes y fuertes. El pelaje de cada tigre tiene un patrón de rayas único.

Muchas aves tropicales son coloridas y, a menudo, muy ruidosas.

Aves

Todas las aves tienen alas y plumas, pero algunas no vuelan. Tienen pico en lugar de dientes. Las hay en todo el mundo.

Peces

Muchas de estas criaturas acuáticas están cubiertas de escamas que les protegen la piel. Los peces tienen branquias a ambos lados de la cabeza que les permiten respirar bajo el agua.

Tienen aletas móviles y formas redondeadas para deslizarse mejor por el agua. En los arrecifes de coral viven muchos peces.

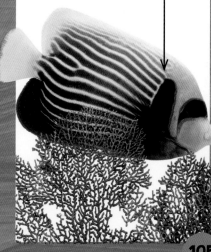

Mascotas

Muchos animales viven en la naturaleza, y algunos son ideales como **mascotas**. Las más comunes son los **perros**, los **gatos**, los **conejos** y los **pájaros**.

Peces

Asegúrate de tener un tanque grande, para que los peces tengan mucho espacio para nadar.

El pez dorado es una de las especies más populares.

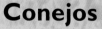

Conejos

Pueden sentirse solos, así que es mejor que tengan una pareja. Algunos conejos domésticos viven dentro de casa, mientras que otros viven al aire libre.

Tortugas

Si quieres tener una tortuga como mascota, piénsalo bien. ¡Algunas especies crecen mucho y pueden vivir más de 50 años!

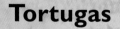

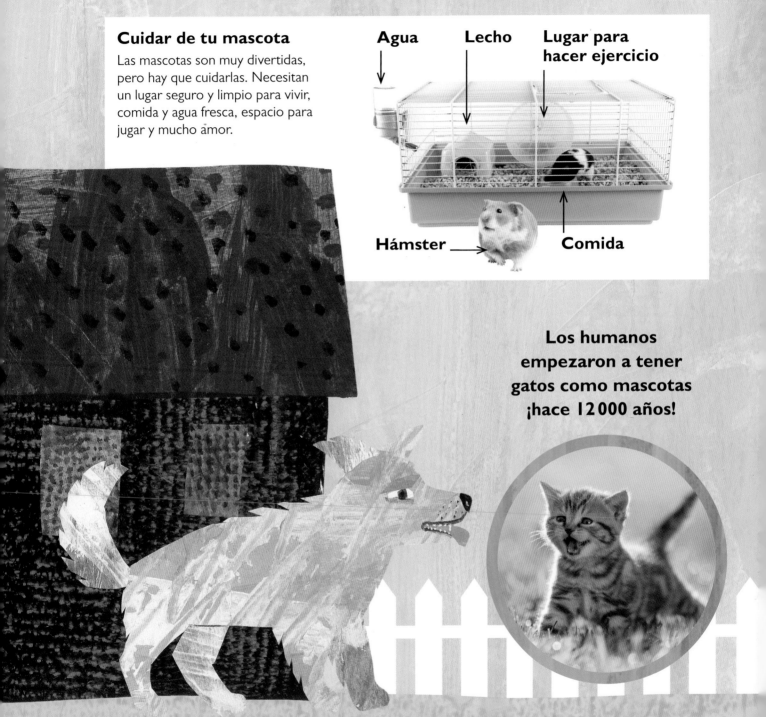

Cuidar de tu mascota

Las mascotas son muy divertidas, pero hay que cuidarlas. Necesitan un lugar seguro y limpio para vivir, comida y agua fresca, espacio para jugar y mucho amor.

Agua

Lecho

Lugar para hacer ejercicio

Hámster

Comida

Los humanos empezaron a tener gatos como mascotas ¡hace 12 000 años!

Perros

Estos animales tan juguetones son unas mascotas muy populares. Necesitan comida y paseos regulares.

Gatos

Son juguetones y cariñosos. Les encanta que los acaricien y ronronean si están relajados.

En la granja

Tractor

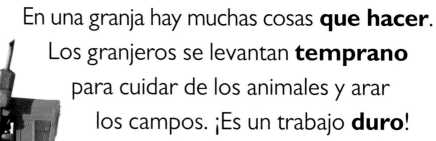

En una granja hay muchas cosas **que hacer**. Los granjeros se levantan **temprano** para cuidar de los animales y arar los campos. ¡Es un trabajo **duro**!

Caballo

En muchas granjas, los caballos ayudan llevando a los granjeros o tirando de cargas pesadas.

Heno

Cerdo

A los cerdos les encanta revolcarse en el barro. Así están frescos y se protegen del sol.

Granero

Cultivos

Muchas granjas cultivan trigo, maíz o arroz en grandes campos. En los países cálidos, el arroz se cultiva en áreas inundadas.

Oveja

Las ovejas tienen una gruesa capa de lana que se esquila para hacer ropa.

Vaca

Las vacas dan leche, que luego se puede convertir en queso.

Gallina

Las gallinas suelen poner un huevo al día. Los huevos se recogen cada mañana para venderlos.

Los humedales

Los pantanos, ciénagas y marjales son lugares donde el suelo está **empapado de agua**. En ellos viven muchos animales, como **peces**, **pájaros**, **ranas** y **reptiles**.

Turbera

El suelo de una turbera es muy blando y esponjoso porque está hecho de plantas muertas y empapadas de agua de lluvia.

Las ranas ponen sus huevos en el agua.

Humedales poco profundos

Estos humedales son estanques poco profundos con hermosas plantas flotantes, como nenúfares. El agua viene de la lluvia o de pequeños arroyos.

Los hipopótamos se mantienen frescos gracias al agua.

El Pantanal

Uno de los humedales más grandes del mundo es el Pantanal, que atraviesa tres países de América del Sur. Allí viven animales como jaguares, osos hormigueros y nutrias gigantes.

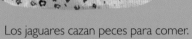

Los jaguares cazan peces para comer.

Marjal

Los marjales tienen charcos de agua poco profundos llenos de plantas pequeñas, como juncos y hierbas. Suelen estar cerca de mares, lagos o ríos.

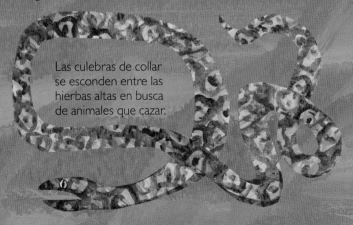

Las culebras de collar se esconden entre las hierbas altas en busca de animales que cazar.

Pantano boscoso

Los pantanos boscosos tienen aguas profundas. Están cubiertos de árboles, por lo que muchas aves construyen allí sus nidos.

Los caimanes buscan comida en el agua.

111

El 21 de marzo es el Día Internacional de los Bosques, una celebración de todos los tipos de bosques de la Tierra.

Bosque de coníferas

En las partes más frías del mundo, hay bosques de coníferas, unos árboles con hojas en forma de aguja que están verdes todo el año.

Sus agujas pueden ser redondeadas o puntiagudas.

En el bosque

Un bosque es un área con **muchos árboles**. Hay distintos **tipos de bosques** en el mundo, y están llenos de plantas y animales.

Zorro

Hongos

Tejón

Bosque caducifolio

En primavera, los bosques caducifolios cobran vida con coloridas flores, insectos y pájaros. En otoño, los árboles pierden sus hojas.

Hay hojas de muchas formas y colores.

Pájaro carpintero

Oso

Comida en el bosque

Los animales pueden encontrar su comida en el suelo del bosque y en los árboles y arbustos. A menudo se alimentan de sabrosas bayas y frutos secos.

Bajo tierra

Debajo del **suelo** ocurren muchas cosas. Las plantas echan **raíces**, los animales pequeños **cavan** sus madrigueras y las lombrices se arrastran **en busca de comida**.

Lombriz
Estas maravillas reptantes son de cuerpo largo y blando y no tienen patas.

Echar raíces
Las plantas echan raíces para mantenerse firmes en el suelo y obtener agua. Debajo de ellas, las raíces se extienden en una enmarañada red.

Miriápodo
Los miriápodos tienen muchas patas que les dan un movimiento ondulatorio al caminar. Con estas patas se mueven por el suelo.

Babosa
A las babosas les gusta acechar en lugares húmedos, por lo que suelen verse después de que llueva. Dejan un rastro viscoso a su paso.

Pequeños y curiosos

Los insectos forman el grupo de animales más grande de la Tierra. La mayoría de ellos son muy pequeños y les gusta el frío, la oscuridad y la humedad que hay bajo tierra.

Topo

Estos increíbles excavadores se pasan la mayor parte de su tiempo cavando un laberinto de túneles en busca de insectos para comer.

Hormigas

Las asombrosas hormigas trabajan juntas en grandes grupos para llevar comida a través de túneles subterráneos.

Escarabajo

Los escarabajos son el tipo de insecto más común. Tienen dos pares de alas: unas que les sirven para volar y otras encima, más duras, que las protegen.

En la costa

La mayoría de las **playas** están en la costa, que es donde la tierra firme se encuentra con el mar. En las áreas costeras del mundo hay muchas **aves marinas** distintas y animales interesantes.

Gaviota

Mar

Arena

Playas

A muchos animales, como las gaviotas, las focas y las tortugas marinas, les gusta usar la arena, las rocas y las plantas de la playa para hacer su nido.

Pelícano

Foca

¿Qué son las mareas?

El nivel del agua en la costa sube y baja. A esto se le llama mareas. Con la marea baja, la playa está seca, mientras que con la marea alta, la playa está bajo el agua.

Marea alta

Marea baja

Las tortugas marinas van a enterrar sus huevos en la arena de las playas.

Tortuga marina

Cangrejo

Estanques de roca

Se trata de charcos poco profundos que quedan en los agujeros de la costa rocosa cuando baja la marea. Son el hogar de muchos animales y plantas.

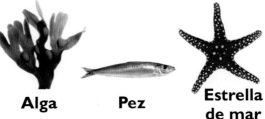

Alga

Pez

Estrella de mar

Anémona

Banco de peces

A veces, los peces y otras criaturas marinas nadan juntas en grupos llamados bancos.

En el mar

Existe un mundo vibrante y lleno de color **bajo el mar**. Es el hogar de muchos animales. Unos son grandes y otros pequeños; algunos son espinosos... ¡y otros escamosos!

Tiburón

Con sus afilados dientes y su fuerte cola, los tiburones son los mejores cazadores del océano. El más grande es el tiburón ballena. Mide 18 m de largo. ¡Tanto como dos autobuses!

Caballito de mar

Los caballitos de mar son peces pequeños y espinosos que nadan erguidos en aguas poco profundas. Los machos llevan a sus bebés en una bolsa en el estómago.

El fondo del mar se llama lecho marino.

Delfín

Los vivaces delfines saltan y juegan en el océano. Viven en manadas y se comunican entre ellos con silbidos y clics.

Manatí

Los manatíes, a los que a veces se llama vacas marinas, son grandes animales herbívoros. Estas pacíficas criaturas se relajan en aguas poco profundas.

Medusa

Las medusas son unas blandas criaturas marinas que flotan y se dejan llevar por las corrientes oceánicas. Tienen largos tentáculos urticantes.

Arrecife de coral

Un arrecife de coral está hecho de animales vivos llamados corales, que usan sus tentáculos para atrapar pequeñas criaturas flotantes. Pero las aguas cálidas y poco profundas del arrecife también son el hogar de muchos otros animales.

Estrella de mar

Estas criaturas marinas en forma de estrella están cubiertas de ventosas y comen animales más pequeños como caracoles, almejas y ostras.

En la montaña

En las montañas hace frío y viento y no hay mucha **comida** ni mucho **aire** para respirar. A pesar de las **duras condiciones**, los animales logran sobrevivir.

Panda rojo

Los pandas rojos se parecen a osos panda, pero en realidad están emparentados con los mapaches.

Llama

Las ágiles llamas son expertas en escalar abruptos senderos de montaña.

Cabra montesa

Las cabras montesas están cubiertas de un pelaje grueso que las mantiene calientes. Las almohadillas de sus pezuñas las ayudan a saltar por las rocas de las montañas.

Cóndor andino

Este animal de los Andes, en América del Sur, es el ave voladora más grande del mundo.

Mantenerse caliente

Los macacos japoneses, o monos de la nieve, se sumergen en aguas termales para estar calientes. Como nosotros, a veces también se acurrucan juntos.

Leopardo de las nieves

Este gran felino tiene patas anchas y acolchadas que le permiten caminar por el hielo. Es difícil de ver, porque se confunde con las laderas nevadas.

Yak

Los yaks pertenecen a la familia de las vacas. Tienen cuernos y un pelaje lanudo de dos capas. La capa exterior es resistente al agua y la capa interior los mantiene calientes.

En el desierto

La vida es **difícil** para los animales que viven en el desierto. Hace mucho **calor** y hay **poca agua**, por eso tienen formas especiales de mantenerse frescos y encontrar comida y agua.

Camello

En sus jorobas, los camellos almacenan grasa que les permite pasar días sin comer ni beber.

Jerbo

Los jerbos se mantienen frescos haciendo pequeñas madrigueras en el suelo.

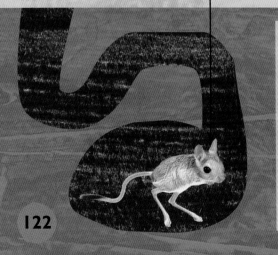

Sobrevivir

Los animales del desierto tienen características especiales que les ayudan a sobrevivir. Algunas les permiten estar frescos y otras los protegen o los ayudan a cazar.

Zorro del desierto

El peludo zorro del desierto tiene unas grandes orejas que disipan el calor de su cuerpo, y así se mantiene fresco.

Águila

Con sus fuertes garras y su ágil vuelo, las águilas son cazadoras expertas.

Gacela

La veloz gacela puede pasar meses sin beber, ya que obtiene agua de las plantas que come.

Lagarto

En el desierto hay muchos tipos de lagartos. La arena arde, pero se mueven muy deprisa para no quemarse las patas.

Víbora

Las víboras caminan en zigzag sobre la arena. Su color las ayuda a camuflarse y a sorprender a los animales que atacan.

Diablo espinoso

Este lagarto tiene afiladas espinas que dificultan que otros animales lo atrapen y se lo coman.

Escorpión

Si un escorpión levanta la cola, ¡ten cuidado! quiere decir que está listo para atacar! En su extremo tiene un aguijón venenoso.

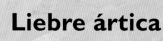

Animales polares

El **Polo Norte** y el **Polo Sur** están en los extremos opuestos del planeta. Las regiones **polares** son enormemente **frías**, y en ellas solo viven animales muy resistentes.

Liebre ártica

Estos saltarines animales tienen grandes patas con las que pueden llegar a correr ¡a 65 km/h!

Zorro ártico

¡Estos simpáticos zorros pueden cambiar el color del pelaje! En invierno, su manto es blanco, para mimetizarse con la nieve, pero en verano es gris.

Charrán ártico

El charrán ártico hace cada año un viaje increíble de ida y vuelta entre el Ártico y la Antártida, recorriendo miles de kilómetros.

Polo Sur

Pingüino emperador

Cuando hace mucho frío, los pingüinos emperador se acurrucan todos juntos. Estas grandes aves no pueden volar, pero son excelentes nadadoras.

Sepiola del Atlántico

La increíble sepiola del Atlántico brilla en la oscuridad, y esto la ayuda a camuflarse en el agua clara y a esconderse de los depredadores.

Oso polar

Los osos polares parecen muy simpáticos, pero son feroces cazadores. Su pelaje blanco los ayuda a ocultarse en la nieve.

Polo Norte

Narval

Por su colmillo largo y puntiagudo, a los narvales se les llama los unicornios del mar.

Orca

Las orcas, también llamadas ballenas asesinas, ¡pueden nadar medio dormidas! Un lado de su cerebro permanece despierto mientras el otro se echa una siesta.

Foca

Las elegantes focas pueden nadar bajo el agua, pero viven en el hielo. Cazan peces en las aguas profundas.

En la densa jungla

La **selva tropical** se compone de **cuatro capas**. En cada una vive una gran variedad de animales y plantas.

Mono

Murciélago

Perezoso

Calor y humedad

Las selvas tropicales son cálidas y muy húmedas. Por eso las plantas crecen rápidamente durante todo el año y dan alimento y refugio a una gran variedad de animales.

Loro

Oso hormiguero

Ave

Mariposa

Serpiente

Las capas de la selva tropical

Capa emergente

Los monos suben a las copas de los árboles altos y los pájaros vuelan por encima.

Dosel arbóreo

El dosel es una gruesa capa de copas de árboles. Es el hogar de animales como mariposas y murciélagos, así como de muchas plantas trepadoras.

Sotobosque

Aquí están los árboles más bajos, como palmeras, enredaderas y lianas. Se pueden encontrar perezosos, jaguares, serpientes y ranas, que disfrutan de la sombra bajo el dosel.

Suelo

Abajo, en el suelo, hay barro cubierto de hojas. Es la parte más oscura de la jungla y en ella viven muchos insectos, como hormigas, escarabajos y miriápodos.

127

En la sabana

En África hay grandes áreas de praderas llanas y abiertas llamadas **sabanas**. Muchos animales **pastan** la hierba, mientras que otros se esconden en ella para **cazar**.

Perrito de las praderas

No es un perro, sino una especie de ardilla que vive en madrigueras subterráneas.

Quokka

Estas pequeñas criaturas peludas saltan de un lado a otro en busca de comida. Para refrescarse, sacan la lengua.

Cebra

No hay dos cebras iguales. Cada una tiene un patrón de rayas algo distinto.

¿Qué hay para cenar?

Cada animal tiene sus propios hábitos alimentarios. Algunos cazan, otros comen animales muertos que encuentran y otros pastan hierba y plantas.

Elefantes

Los elefantes comen grandes cantidades de hierba y hojas. Sus excrementos ayudan a mantener el suelo sano para que crezcan más plantas.

Acacias

En la sabana crecen pocos árboles, pero puede verse alguna acacia solitaria.

Jirafa

Las jirafas se valen de su largo cuello para alcanzar hojas frescas y sabrosas de la copa de los árboles.

Emú

Esta ave tiene unas patas muy largas que le permiten recorrer muchos kilómetros buscando comida. Se alimenta de plantas e insectos.

Cercopitecos verdes

Estos animales son muy inteligentes. Viven en grandes grupos y a menudo se acicalan entre ellos.

Escarabajo pelotero

Estos fuertes insectos hacen rodar grandes bolas de caca de animales para poner sus huevos dentro. ¡Vaya olor!

Leones

Los grandes felinos, como los leones, son excelentes cazadores, ya que son rápidos y fuertes y pueden esconderse en la hierba alta.

Buitres

Los buitres son carroñeros y se alimentan de animales muertos, que encuentran con su excelente vista y su gran sentido del olfato.

Jugar al escondite

Los **colores** y **dibujos** de la piel de algunos animales les permiten mezclarse con su entorno. Esto se llama **camuflaje** y sirve para esconderse de otros animales.

Los camaleones viven sobre todo en África.

Cambiar de color

Algunos animales, como los camaleones, pueden cambiar de color para adaptarse a su entorno. También cambian de color para mantenerse frescos o para mostrar que están enojados.

Disfrazarse

Algunos cangrejos se adornan colocando trozos de coral en sus caparazones. El cangrejo ermitaño protege su blando cuerpo dentro de una concha vacía. Saca las patas para caminar y se lleva el caparazón consigo.

Cambiar de pelaje

El pelaje blanco de la liebre ártica se confunde con la nieve y el hielo en invierno, y como en verano se vuelve marrón, cuesta más verla cuando está en el suelo o entre las rocas.

Pasar desapercibido

Las rayas negras de un tigre desdibujan su contorno y le ayudan a camuflarse entre la hierba y los árboles. Así pues, las rayas lo mantienen oculto cuando se acerca sigilosamente a la presa.

De noche

Cuando tú te acuestas a dormir, hay animales que se **despiertan** y se preparan para una noche atareada. Son los animales **nocturnos**. Tienen unas orejas y unos ojos muy grandes para encontrar comida más fácilmente en la oscuridad.

Lobo

Hay lobos en muchos países y viven en grupos familiares llamados manadas. Todos colaboran para buscar comida.

Mapache

En América del Norte, Europa y Japón, los mapaches usan sus patas para buscar comida y su gran sentido del olfato para husmear lo que tienen cerca.

Gálago

Estas criaturas africanas corren por los árboles y por el suelo en busca de insectos para comer.

Búho

Los búhos, que viven en todo el mundo, tienen un excelente oído. Desde lo alto del cielo, captan los ruidos de los animales que corretean en el suelo.

Luciérnagas

Estos insectos, que emiten luz, viven en muchos lugares del mundo. Su brillo atrae a posibles parejas y a veces ¡a otras luciérnagas para comérselas!

Murciélago

Los murciélagos vuelan de noche en muchos países. Producen sonidos que rebotan en las polillas y otros insectos, y así saben dónde está la presa. Esta habilidad especial se llama ecolocalización.

Erizo

En Europa, Asia y Nueva Zelanza, los erizos olfatean entre la maleza en busca de insectos y lombrices para comer.

Supersentidos

La mayoría de los animales nocturnos ven muy bien en la oscuridad. Algunos también tienen un increíble sentido del oído y del tacto.

5. Gallina

1. Huevo

4. Polluelo

3. Recién nacido

2. Huevo eclosionando

Gallina

Una gallina pone huevos y los mantiene seguros y calientes sentándose sobre ellos. Cuando el polluelo es lo bastante fuerte, sale del cascarón. Tienen unas plumas suaves que son remplazadas, a medida que crece, por otras más rígidas y oscuras.

3. Crisálida

La oruga se envuelve en una funda rígida llamada crisálida. En su interior, la oruga experimenta una extraordinaria transformación.

Ciclos vitales

Las **diversas etapas** por las que pasa un animal se denominan **ciclo vital**. Algunos animales nacen de **huevos**, y luego las hembras, cuando están completamente desarrolladas, ponen sus propios huevos, así que el ciclo comienza de nuevo.

En *La oruga muy hambrienta*, la oruga forma un capullo en lugar de una crisálida. Eric Carle decía que su oruga era «muy peculiar». Cuando era un niño, su padre le decía siempre: «Eric, sal de tu capullo». Y es así como, en *La oruga muy hambrienta*, ¡la poesía ganó a la ciencia!

Mariposa

¿A que no imaginarías que un pequeño huevo en una hoja puede convertirse en una preciosa mariposa? Las mariposas tienen un aspecto muy distinto en cada etapa de su ciclo vital.

4. Mariposa

Una bonita mariposa emerge de la crisálida, lista para poner sus propios huevos.

1. Huevo

Una mariposa pone un huevo en una hoja.

2. Oruga

Una pequeña oruga sale del huevo. Está muy hambrienta, así que come hojas y crece más y más.

5. Rana adulta

4. Ranita

3. Desarrolla patas

1. Huevos

2. Renacuajo

Rana

Las ranas son anfibios, así que pueden vivir en la tierra y en el agua. Comienzan en el agua como huevos, se convierten en renacuajos nadadores y al final en ranas saltadoras.

Historia

Vamos al museo

Ir a un museo es como viajar **en el tiempo**. Hay muchos objetos interesantes que nos cuentan cómo vivía la gente **en otras épocas**.

Los fósiles de dinosaurios, como este esqueleto de tiranosaurio, fueron cuidadosamente ensamblados como un rompecabezas para que puedas verlos en los museos. ¡Tienen millones de años!

Dinosaurios

Pueblos prehistóricos
Los primeros seres humanos fabricaban herramientas para cazar animales. Hacían afiladas puntas de flecha de hueso o piedra.

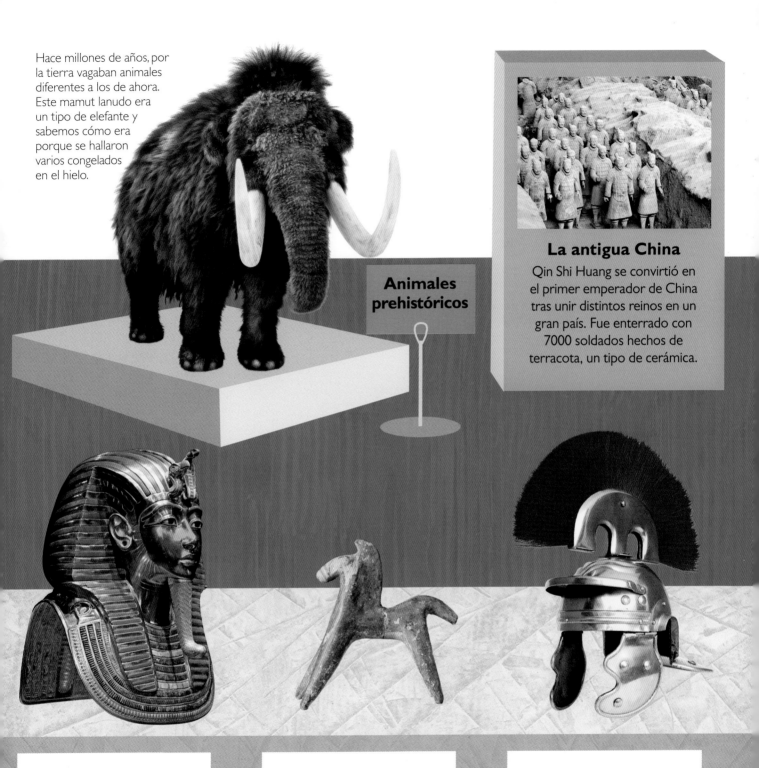

Hace millones de años, por la tierra vagaban animales diferentes a los de ahora. Este mamut lanudo era un tipo de elefante y sabemos cómo era porque se hallaron varios congelados en el hielo.

Animales prehistóricos

La antigua China

Qin Shi Huang se convirtió en el primer emperador de China tras unir distintos reinos en un gran país. Fue enterrado con 7000 soldados hechos de terracota, un tipo de cerámica.

Antiguo Egipto

El antiguo rey egipcio Tutankamón fue enterrado con esta máscara de oro macizo. Tiene más de 3000 años y pesa mucho.

Antigua Grecia

Los dioses eran muy importantes para la gente de la antigua Grecia. Este caballo de terracota era una ofrenda para los dioses.

Antigua Roma

Hace más de 2000 años, el ejército romano gobernaba muchos países. Los soldados llevaban cascos rematados con crin de caballo.

Dinosaurios

Hace millones de años, unos **reptiles** llamados **dinosaurios** caminaban por la Tierra. Algunos eran del tamaño de gallinas, pero otros eran gigantes, más grandes que un camión.

Diplodocus

Los dinosaurios con cuello largo, como el diplodocus, se llaman saurópodos.

¿Qué eran?

Los dinosaurios eran unos reptiles que vivieron hace entre 230 y 66 millones de años. Algunos eran carnívoros (comían carne) y otros herbívoros (masticaban hojas). Caminaban sobre dos o cuatro patas.

Tiranosaurio

El temible tiranosaurio tenía unos dientes enormes y afilados, ¡ideales para devorar a sus presas!

140

Pterodáctilo

Este reptil volador no era un dinosaurio, pero vivió en la misma época.

Aves

Después de que un enorme asteroide chocara contra la Tierra, todos los dinosaurios murieron, ¡excepto las aves! Aún hoy viven con nosotros.

Con o sin plumas

Durante mucho tiempo, se pensaba que todos los dinosaurios tenían escamas, como los reptiles actuales. Sin embargo, algunos tenían el cuerpo cubierto de plumas de colores.

Tricerátops

Este herbívoro tenía tres cuernos y una gola ósea para protegerse de los depredadores.

Fósiles feroces

Sabemos que los dinosaurios existieron por los fósiles, el rastro que dejaron en las rocas. Aquí ves dos tipos de fósiles comunes.

Huellas

Los dinosaurios dejaron huellas en el barro que se convirtió en roca a lo largo de millones de años.

Estegosaurio

Las placas óseas de su espalda ayudaban al estegosaurio a atraer una pareja.

Caca

En algunas rocas antiguas se encontró ¡caca de dinosaurio! Así hemos podido saber lo que comían.

Arco y flecha

Caza

La gente de la Edad de Piedra cazaba animales con palos afilados, lanzas o arcos y flechas. También recolectaban frutos.

Humanos prehistóricos

Los primeros seres humanos vivían en chozas o en cuevas y utilizaban **herramientas** de piedra. Esta época, llamada **Edad de Piedra**, comenzó hace unos 3.3 millones de años y terminó hace unos 4000 años, cuando se aprendió a cultivar.

Lanza

Halcón

Hacer fuego

Los primeros humanos aprendieron a hacer fuego hace 1.5 millones de años. El fuego les daba calor y luz y también se usaba para cocinar.

Construir un refugio

Para protegerse de las inclemencias del tiempo, los primeros humanos aprendieron a construir cabañas con palos. Las cubrían con pieles y corteza de árboles.

Antiguo Egipto

El antiguo Egipto, en el **noreste de África**, fue una de las **primeras civilizaciones**. Duró desde el 3100 a. C. hasta el 30 a. C. Tuvo reyes y reinas, unos edificios increíbles y muchas tradiciones interesantes.

Pirámides

Las pirámides se construyeron hace 4500 años como lugares de enterramiento para los faraones. Estaban llenas de tesoros, pinturas y relieves.

Cobra

El símbolo de la diosa Uadyet era una cobra egipcia levantada. Esta serpiente venenosa también era un símbolo de la realeza.

Gatos

Creían que los gatos daban buena suerte. La mayoría de las familias tenían gatos, y algunos incluso los adornaban con joyas.

Momias

Cuando moría un egipcio importante, su cuerpo se preparaba especialmente para el más allá. Le sacaban los órganos y envolvían su cuerpo con tiras de tela.

Una momia se enterraba en un ataúd llamado sarcófago.

Halcón

El dios egipcio Horus solía representarse como un halcón para simbolizar su papel como dios del cielo.

Agricultura

Los agricultores del antiguo Egipto cultivaban verduras y cereales. Las vacas eran muy útiles en las granjas para tirar de los arados y dar leche y carne.

El río Nilo atravesaba el corazón del antiguo Egipto.

Faraones

El antiguo Egipto estaba gobernado por poderosos reyes y reinas conocidos como faraones. Llevaban unos sombreros especiales y eran adorados como dioses.

Reina Nefertiti

Jeroglíficos

Los jeroglíficos eran unos símbolos pictóricos que se usaban para escribir. Los escribas eran las únicas personas que sabían leer y escribir en el antiguo Egipto.

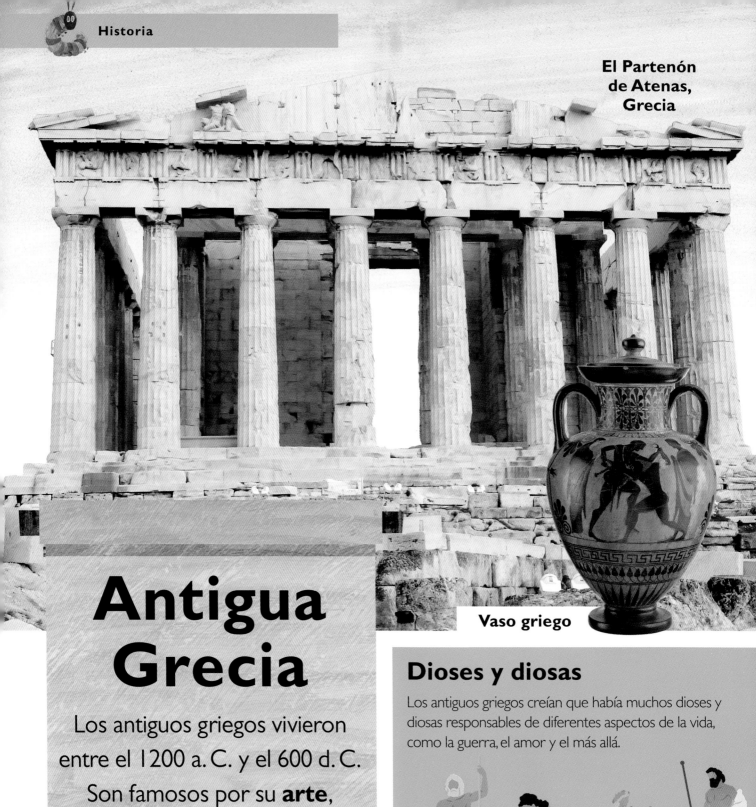

El Partenón de Atenas, Grecia

Vaso griego

Antigua Grecia

Los antiguos griegos vivieron entre el 1200 a. C. y el 600 d. C. Son famosos por su **arte**, **edificios** y obras de **teatro**.

Dioses y diosas

Los antiguos griegos creían que había muchos dioses y diosas responsables de diferentes aspectos de la vida, como la guerra, el amor y el más allá.

Zeus   Afrodita   Apolo   Hades

146

El Coliseo de Roma, Italia

Antigua Roma

Los antiguos romanos gobernaron un **gran imperio** hace unos 2000 años. Su capital era **Roma**, en Italia.

Soldados romanos

Estos temibles guerreros estaban bien entrenados y vestían armaduras hechas de piezas de metal llamadas cotas de malla.

La sociedad romana

En la antigua Roma vivían muchas personas. Se dividían en diferentes grupos en función de lo que hicieran en la sociedad.

Emperador **Ciudadano** **Liberta** **Esclavo**

147

China en la historia

China tuvo una gran influencia en el mundo con grandes **inventos** como la seda o el papel. El **arte**, sobre todo la cerámica y la pintura, es también parte importante de la cultura china.

Los fuegos artificiales, el dinero y la brújula se inventaron en China.

La Gran Muralla

La Gran Muralla china comenzó a construirse hace más de 2000 años. Tiene 8850 km de largo.

Emperatriz Wu

Wu Zetian fue la primera y única mujer emperadora de China. Gobernó entre 690 y 705.

Porcelana

La porcelana china es un tipo de cerámica muy valiosa. Muy a menudo está decorada con bonitas imágenes.

Dragones chinos

Los dragones chinos son unas criaturas legendarias compuestas de partes de otros animales. Se dice que son amables y bondadosos, pero también representan el poder y la fuerza.

Escritura

La escritura china primitiva provenía de dibujos de objetos. Hoy, utiliza alrededor de 3500 signos diferentes.

Seda

Los chinos fabricaron seda por primera vez a partir de capullos de gusanos de la seda hace unos 5500 años. China guardó el secreto de cómo elaborar seda durante más de 1000 años.

149

Todo sobre los castillos

¿Sabías que hay castillos en todo el mundo? Estas **fuertes estructuras** se construyeron para **proteger** a reyes, reinas y otras personas importantes de sus **enemigos**.

Ubicación

Los castillos a menudo se construían en colinas, por lo que eran difíciles de alcanzar. A veces tenían pequeños pueblos a su alrededor.

Bandera
Cada castillo tenía su propia bandera o estandarte.

El pasillo que rodea la parte superior de la torre es el adarve.

La mayoría tenían muros de piedra gruesos.

Algunos castillos tenían un foso lleno de agua para mayor protección.

El puente levadizo alzado evitaba que entrara el enemigo.

Torneos

En la Edad Media, los caballeros participaban en torneos para entretener a las multitudes. Cargaban el uno contra el otro a caballo, portando largas lanzas. ¡El objetivo era hacer caer del caballo a su oponente!

Atalaya

Las torres altas tenían una buena vista de los alrededores y eran ideales para vigilar.

Los castillos hoy

En el mundo hay castillos de diferentes tipos. Aquí puedes ver algunos ejemplos, con diferentes formas y tamaños.

Castillo de Marksburg

Elevado sobre el río Rin, en Alemania, este impresionante castillo presenció muchas batallas y nunca fue destruido.

Castillo de Himeji

Este bonito castillo japonés superó guerras y terremotos. Una bomba cayó en su techo, pero ¡por suerte no explotó!

Crac de los Caballeros

Este castillo de Siria tiene muros internos y externos muy gruesos, que mantenían alejados a los atacantes. ¡Era lo bastante grande para albergar a unas 2000 personas!

Explorar el mundo

A lo largo de la historia, los seres humanos hicieron largos **viajes** para **explorar** las montañas, océanos y continentes de **nuestro planeta**.

La brújula se inventó en China y se utilizó por primera vez para que los barcos se orientaran. Tiene una aguja magnética que siempre apunta al norte.

Exploradores

Entre los siglos X y XVIII, muchos exploradores europeos se hicieron a la mar en sus barcos. Afirmaron haber descubierto nuevas tierras, aunque en la mayoría de estos lugares ya había gente viviendo.

Naufragios

En el fondo del mar hay restos de barcos hundidos. Algunas personas encontraron plata, oro, joyas y otros tesoros dentro de algunos de estos desafortunados navíos.

Los buzos pueden estar bajo el agua durante mucho tiempo gracias a los tanques de oxígeno.

Aventuras extremas

Algunos aventureros se atreven a explorar los lugares de la Tierra de más difícil acceso: escalan las montañas más altas, cruzan continentes helados o se sumergen en las profundidades del mar.

Nuevos descubrimientos

Al viajar a lugares desconocidos, los exploradores hacen nuevos descubrimientos muy interesantes. Las plantas y los animales son diferentes en todo el mundo, y aún queda mucho por aprender sobre nuestro planeta.

Érase una vez...

En todas las épocas, se contaron **historias**, algunas divertidas y otras que nos ayudan a aprender. Aquí tienes algunos **cuentos tradicionales** del mundo.

La rana sedienta

Los aborígenes australianos tienen una gran tradición de compartir historias, a menudo sobre la naturaleza. Una de ellas es la de Tiddalik, una rana que se bebe toda el agua y debe aprender a compartir.

Las mil y una noches

«Aladino» es uno de los cuentos de *Las mil y una noches*, unas historias emocionantes llenas de aventuras y de magia. Al principio se contaban de viva voz en mercados de Oriente Medio y no comenzaron a escribirse hasta el siglo IX.

«La sirenita»

Este cuento lo escribió el autor danés Hans Christian Andersen en 1837. Cuenta la historia de una sirena que quiere convertirse en una mujer.

Anansi

Los cuentos de Anansi, la araña embaucadora, son originarios de Ghana, África occidental. Son historias que ofrecen enseñanzas sobre el bien y el mal.

La hora del cuento

Muchos cuentos de hadas, mitos y leyendas presentan personajes, temas y escenarios similares, como animales voladores y lugares mágicos.

Castillo

Fantasma

Magia

Barco pirata

Reyes y reinas

Monstruo

Dragón

Gigante

Lobo

Hada

Unicornio

Genio

El pastor y la tejedora

Este cuento chino trata sobre el amor entre un pastor y una tejedora. Los dos son enviados a lados opuestos de la Vía Láctea, pero una vez al año una bandada de urracas forma un puente para que se encuentren.

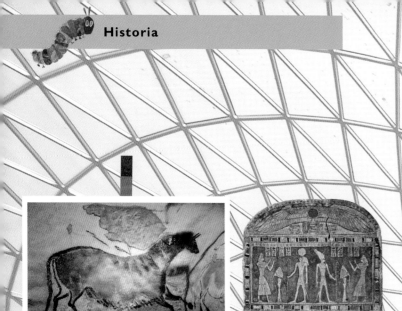

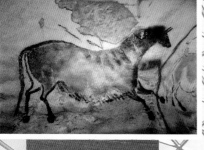

Arte rupestre

La pintura rupestre más antigua conocida es de hace 45 000 años. Los artistas utilizaban materiales naturales, como el carbón.

Pintura egipcia

Los artistas del antiguo Egipto pintaban imágenes de sus dioses y líderes en tablas de madera.

Porcelana china

La delicada porcelana pintada comenzó a fabricarse hace más de 2000 años en China.

Esculturas clásicas

En las antiguas Grecia y Roma se realizaban esculturas realistas de personas notables.

Historia del arte

Las personas fueron siempre seres **creativos**. Por eso, en las paredes de algunas cuevas se encontraron **pinturas** realizadas hace miles de años. Si visitas un **museo**, podrás ver muchos tipos de arte de todos los colores, formas y tamaños.

Renacimiento

Entre los siglos XIV y XVII, se pintaron magníficos cuadros. A menudo se copiaba el arte clásico.

Impresionismo

En el siglo XIX, algunos pintores quisieron pintar la luz y el movimiento. Para ello, muchos usaban pinceladas suaves.

Arte abstracto

En el arte abstracto, las pinturas o esculturas no son realistas, sino que pueden mostrar, por ejemplo, una sensación o un estado de ánimo.

Eric Carle

¡El buen arte puede hacer que una gran historia sea aún mejor! Eric Carle ilustró más de 70 libros sobre animales grandes y pequeños, naturaleza, amor y muchos otros temas. En este libro hay ilustraciones suyas. ¿Ves alguna en esta página?

THE VERY HUNGRY CATERPILLAR
by Eric Carle

La oruga muy hambrienta se publicó por primera vez en 1969, con agujeros en las páginas, como si la oruga se hubiera comido distintos alimentos.

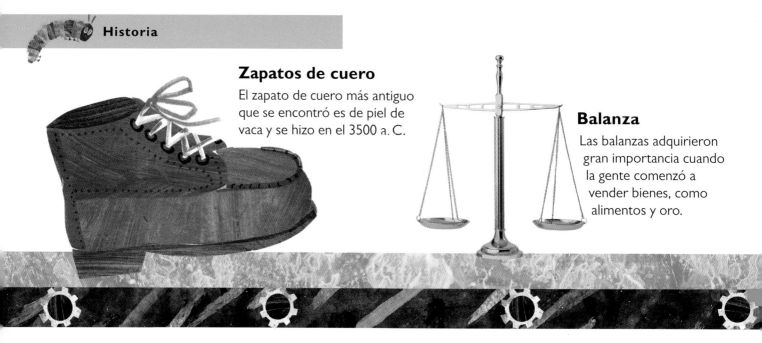

Zapatos de cuero

El zapato de cuero más antiguo que se encontró es de piel de vaca y se hizo en el 3500 a. C.

Balanza

Las balanzas adquirieron gran importancia cuando la gente comenzó a vender bienes, como alimentos y oro.

Grandes inventos

Un invento es algo que nunca se hizo antes y que **resuelve un problema** o **hace nuestra vida más fácil**. Estos son algunos de los inventos más importantes de la historia.

Cámara fotográfica

La primera cámara compacta salió a la venta en Nueva York en 1888.

Televisión

Los televisores están en las casas desde hace 70 años. Los primeros eran pequeños y aparatosos.

Bombilla

Antes de la bombilla, había que usar velas para iluminar las casas.

Papel

En el año 100, en China, un hombre llamado Cai Lun inventó el papel a partir de fibras vegetales.

Ábaco

El ábaco fue el primer tipo de calculadora. Se inventó alrededor del año 190 en China. Este ábaco de colores es moderno.

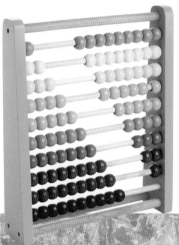

Teléfono

El teléfono se inventó en 1876. Los primeros teléfonos eran muy distintos de los que utilizamos hoy.

Bolsa de papel de fondo cuadrado

La inventora estadounidense Margaret Knight inventó cosas desde niña. De mayor, creó una máquina para doblar bolsas de papel.

Imprenta de tipos móviles

La imprenta se inventó alrededor del año 1440, y con ella podemos hacer libros y revistas.

Antibióticos

El primer antibiótico, para tratar infecciones, fue descubierto en Gran Bretaña en la década de 1920.

Bolígrafo

Antes de que se inventara el bolígrafo en 1945, las plumas estilográficas solían dejar manchones de tinta.

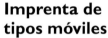

Teléfono inteligente

Los teléfonos inteligentes se conectan a internet y nos facilitan el acceso a la información. El primero fue inventado en 1992.

Transporte

Hace miles de años, muy pocas personas viajaban lejos de donde vivían, y cuando lo hacían, solía ir a pie. Hoy en día, el transporte moderno nos lleva a muchos lugares por **tierra**, **mar** y **aire**.

Barcos de vela

En la antigua Grecia y el antiguo Egipto, tuvieron la idea de instalar velas en los barcos. El viento hace que el barco avance deprisa.

Locomotora de vapor

La locomotora de vapor se inventó en el siglo XIX. Pronto fue lo bastante potente para transportar personas y mercancías.

La rueda

Hace unos 5000 años, los seres humanos se dieron cuenta de que si ponían ruedas en sus carros, podían mover objetos pesados con mayor facilidad.

Barcos fluviales

Los primeros barcos fluviales se inventaron en el antiguo Egipto. Estaban hechos de una caña llamada papiro.

Carros

Los guerreros del antiguo Egipto, de China y de la India usaban carros en la batalla. Un soldado conducía el carro, mientras el otro disparaba flechas con su arco.

Biciclo

El biciclo, con su enorme rueda delantera, fue una de las primeras bicicletas. Se inventó en 1871.

Automóvil

En 1894, la fábrica alemana Benz construyó el primer automóvil con motor de gasolina. ¡Parecía un enorme triciclo!

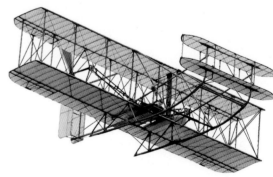

Aeroplano de los hermanos Wright

En 1903, los hermanos Wright realizaron el primer vuelo con motor en Estados Unidos. El avión permaneció 12 segundos en el aire.

Juguetes geniales

Los niños utilizaron juguetes desde hace miles de años.
Algunos de los **primeros juguetes**, como las pelotas,
los bloques o los juegos de mesa, no cambiaron mucho.

Dominó

Este juego, de mesa es popular en todo el mundo y se inventó en China hace casi mil años.

Plastilina

¡La plastilina se usó por primera vez para limpiar el papel de las paredes! Ahora es una forma divertida de modelar.

Peluches

Estos juguetes tan mullidos se crearon por primera vez en Alemania hace más de cien años.

El juguete más antiguo del mundo es un sonajero encontrado en Turquía. ¡Tiene 4000 años!

Ludo

El ludo, similar al parchís, es un juego de mesa indio creado en el siglo VI. El objetivo del ludo es recorrer todo el tablero con todas las piezas.

Cuerda de saltar

Las cuerdas de saltar tienen una larga historia. Se utilizaban en China y en todo el mundo y también las usaban los atletas del antiguo Egipto.

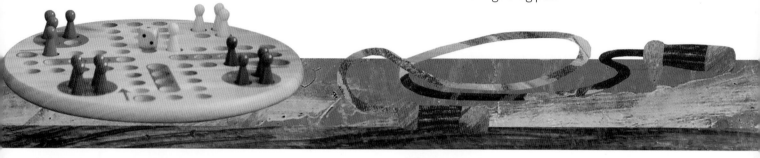

Pelotas egipcias

Estos juguetes antiguos están hechos de tela y plantas. Tienen pequeñas piedras que hacen ruido.

Slinky

Este muelle en espiral puede bajar escaleras solo. Se inventó por error, pues se había pensado para usarse en el mar.

Bloques

Los bloques son populares desde hace cientos de años. ¡Es divertido construir torres con ellos!

Yoyo

Este juguete apareció por primera vez en China. Puedes impresionar a tus amigos haciendo trucos con él.

Confucio

Confucio fue un pensador chino que vivió entre el 551 y el 479 a. C. Creía en el orden y el respeto en las familias y en los países.

Martin Luther King Jr.

En los años cincuenta y sesenta, Martin Luther King Jr. lideró la campaña por la igualdad de derechos de los afroamericanos.

Héroes de la historia

Muchas personas increíbles ayudaron a dar forma al mundo en que vivimos hoy, desde **inventores** y **científicos** hasta **artistas** y **escritores**.

Marie Curie

El trabajo de la científica Marie Curie condujo a mejores tratamientos para el cáncer.

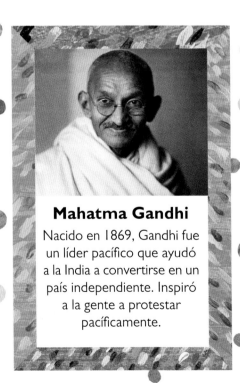

Mahatma Gandhi

Nacido en 1869, Gandhi fue un líder pacífico que ayudó a la India a convertirse en un país independiente. Inspiró a la gente a protestar pacíficamente.

Isaac Newton

El científico inglés Isaac Newton es famoso por explicar cómo funciona la gravedad tras ver caer una manzana de un árbol.

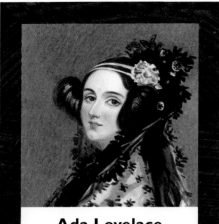

Ada Lovelace

La matemática británica Ada Lovelace fue la primera programadora. Trabajó en las precursoras de las primeras computadoras.

Amelia Earhart

En 1932, Amelia Earhart, piloto estadounidense, fue la primera mujer en cruzar en avión sola el océano Atlántico.

Katsushika Hokusai

La obra más famosa del artista japonés Katsushika Hokusai es el grabado *Gran ola*, que realizó tallando la imagen en un bloque de madera.

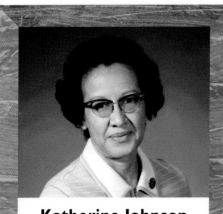

Katherine Johnson

La matemática Katherine Johnson trabajó en la NASA. Sus cálculos hicieron posibles muchas misiones espaciales.

William Shakespeare

El escritor William Shakespeare, nacido en 1564, es uno de los mejores dramaturgos de la historia. Sus obras, como *Romeo y Julieta* y *Hamlet*, se representan aún en todo el mundo.

Ciencia y tecnología

Estados de la materia

Los materiales que componen el mundo que nos rodea aparecen en **tres formas diferentes**: sólido, líquido o gas, los llamados **estados de la materia**. Toda la materia se compone de **partículas**, que son demasiado pequeñas para que las veamos.

Sólido

Los sólidos son materiales que mantienen su forma. Suelen ser duros, como el metal de un coche. Los sólidos están formados por partículas muy juntas y tienen una forma fija.

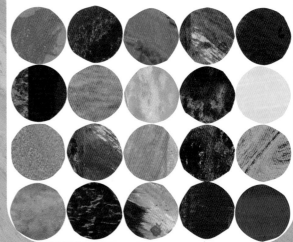

Robot

Brócoli

Coche

Líquido

Los líquidos, como el agua y la pintura, cambian de forma para adaptarse al recipiente en el que se encuentran. Fluyen y se pueden verter. Están hechos de partículas ligeramente separadas y que pueden moverse.

Miel

Pintura

Agua

Gas

La mayoría de los gases, como el aire, son invisibles. Pueden caber en un espacio pequeño, como un globo, o extenderse para llenar un espacio grande, como una habitación. Sus partículas pueden moverse rápida y libremente.

Globos

Flotador

Burbujas

Materiales

Cada objeto de la Tierra está hecho de un material. Algunos, como la tela, son **blandos** y **flexibles**. Otros, como los ladrillos, son **duros** y **resistentes**.

Vidrio

Este material es duro y transparente. Tiene muchos usos. Se puede utilizar para hacer ventanas, lentes y vasos.

Tejido

Los tejidos suaves son fáciles de cortar y coser. Están hechos de hilos de distinto origen, como plantas, animales o plásticos.

Se puede ver claramente el jugo de naranja en este vaso.

Este estuche para lápices está hecho con hilos entretejidos.

Plástico

El plástico puede ser duro o blando. Es muy fácil de moldear y cuesta que se rompa. El plástico no se encuentra en la naturaleza, lo fabricamos a partir de productos químicos.

La parte exterior de este bolígrafo está hecha de plástico brillante.

Propiedades

Todos los materiales tienen propiedades distintas, y por eso tienen un aspecto, un tacto y un comportamiento diferentes. Una esponja, por ejemplo, es absorbente, lo que significa que puede retener agua.

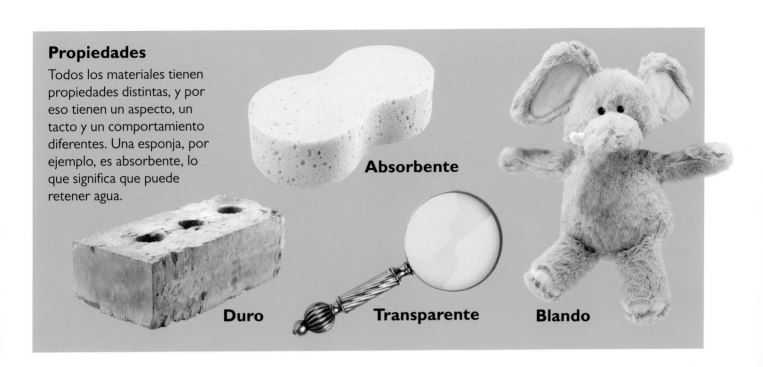

Absorbente

Duro

Transparente

Blando

Metal

Hay muchos tipos diferentes de metal. La mayoría son resistentes y se pueden martillear para darles distintas formas sin que se rompan. Algunos metales son magnéticos, lo que significa que los imanes pueden atraerlos.

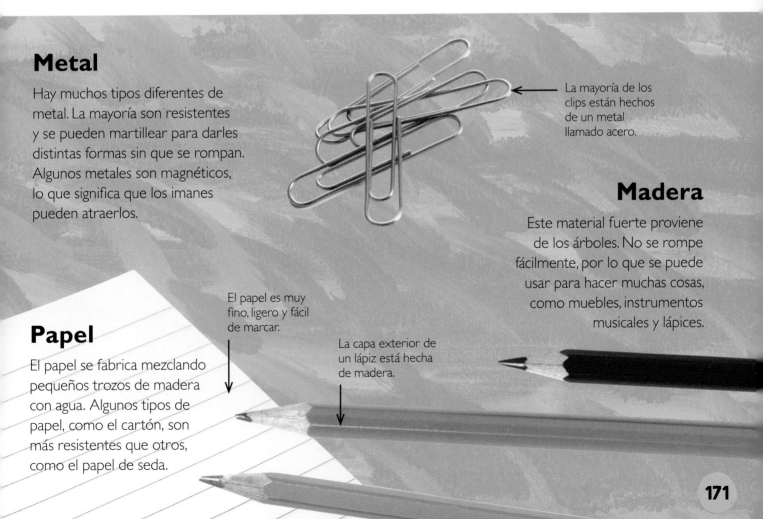

La mayoría de los clips están hechos de un metal llamado acero.

Madera

Este material fuerte proviene de los árboles. No se rompe fácilmente, por lo que se puede usar para hacer muchas cosas, como muebles, instrumentos musicales y lápices.

El papel es muy fino, ligero y fácil de marcar.

La capa exterior de un lápiz está hecha de madera.

Papel

El papel se fabrica mezclando pequeños trozos de madera con agua. Algunos tipos de papel, como el cartón, son más resistentes que otros, como el papel de seda.

Colores

Estamos rodeados de cosas con color, desde la ropa y los juguetes hasta la naturaleza y el arte. La luz del sol se compone de todos los colores del arcoíris.

Amarillo

El amarillo es el color de los limones y los girasoles. También es un buen color para la ropa de seguridad, ya que es llamativo y se ve bien desde lejos.

Naranja

Las naranjas son de color naranja, como los peces dorados, las hojas de otoño y las calabazas.

Rojo

Además de ser el color de las dulces fresas y las crujientes manzanas, el rojo también es un color de advertencia. El semáforo rojo te indica que debes detenerte.

Verde

Muchos elementos de la
naturaleza son verdes.
La hierba, las hojas y
muchas verduras son
verdes, así como ranas,
lagartijas y pájaros.

Azul

Hay muchos tonos de azul,
desde el azul oscuro de los
arándanos hasta el color
del océano y el azul claro
del cielo en un día soleado.

Morado

El morado se hace
mezclando rojo y azul.
En la naturaleza se ve
en bonitas flores y en
las sabrosas uvas.

Mezclar los colores

El rojo, el amarillo y el azul son colores
primarios. El verde, el naranja y el morado
son colores secundarios. El resto de
colores se pueden crear mezclando estos.

Rojo + **Amarillo** = **Naranja**

Azul + **Amarillo** = **Verde**

Azul + **Rojo** = **Morado**

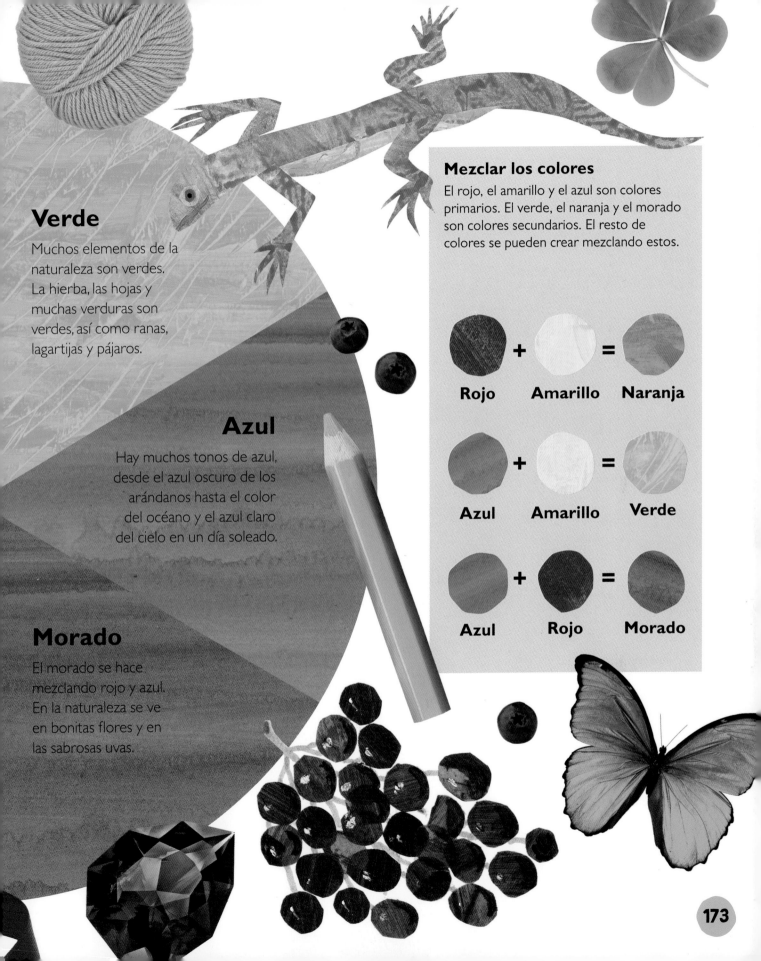

Luz

La luz es una forma de **energía** que podemos ver. Todos los seres vivos del planeta Tierra necesitan luz. Nos mantiene calientes, ayuda a que las plantas crezcan y nos permite **ver las cosas**.

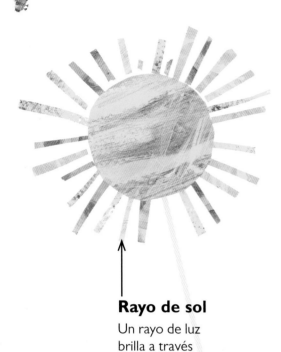

Rayo de sol

Un rayo de luz brilla a través del prisma.

Dividir la luz

La luz que podemos ver se llama luz blanca, pero en realidad se compone de siete colores. Se puede dividir en colores proyectándola a través de un bloque de vidrio triangular llamado prisma.

Prisma

La luz se desvía

Cuando la luz pasa a través de un prisma, va más despacio y se desvía.

Colores del arcoíris

Al salir del prisma, la luz se expande y se separa en los siete colores del arcoíris.

La luz es lo que va más deprisa.

Creando arcoíris

Cuando la luz del sol pasa a través de las gotas de lluvia, forma un arcoíris. Las gotas de lluvia actúan como diminutos prismas y dividen la luz en diferentes colores.

La luz solo viaja en línea recta.

Sombras

Se crea una sombra cuando un objeto bloquea la luz del sol. El tamaño y la forma de la sombra dependen de dónde esté el sol en el cielo.

El sol está alto

Al mediodía, el sol está en lo alto del cielo y la sombra del gato es corta.

El sol está detrás

Cuando el sol está detrás del gato, la sombra está delante.

El sol está bajo

Por la mañana o por la tarde, el sol está bajo y la sombra del gato es larga.

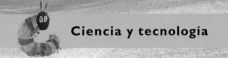

El tono de una onda de sonido depende de la velocidad a la que vibra.

Sonido

Todos los sonidos comienzan con una **vibración** que atraviesa el aire en forma de **ondas sonoras** invisibles. Las ondas sonoras pueden viajar a través de sólidos, líquidos y gases.

Volumen

Los sonidos fuertes tienen ondas de sonido más grandes que los más suaves. La intensidad o el volumen de un sonido se mide en decibelios. Más decibelios significa que el sonido es más fuerte.

176

¡Grrrrrr!

Sonido suave

Hoja que cae

¡Una hoja que cae es casi imposible de oír! Produce un sonido de solo 10 decibelios.

Más fuerte…

Rugido de un tigre

¡El rugido de un tigre puede medir 114 decibelios si estás cerca! Es 25 veces más ruidoso que un cortacésped.

¡Muy FUERTE!

Despegue de un cohete

El lanzamiento de un cohete puede alcanzar los 180 decibelios. La nave debe ser muy fuerte para que las vibraciones no la dañen.

Fuerzas

Ya te **deslices** por un tobogán o **subas y bajes** en un balancín, el movimiento está causado por una fuerza: o bien un **empujón** o bien un **tirón**. Esto afecta a la forma en la que se mueven los objetos.

Impulso
Cuanto más fuerte es el impulso, ¡más arriba vas!

Hacia arriba
Estos niños usan la fuerza de sus piernas para elevarse del suelo.

Fricción

Esta fuerza ralentiza el movimiento del niño por el tobogán. Las superficies con protuberancias tienen mucha fricción, pero las superficies lisas tienen menos.

Gravedad

Una fuerza invisible llamada gravedad tira de todo y de todos hacia el suelo.

Fuerzas en equilibrio

Cuando hay fuerzas iguales en direcciones opuestas, se equilibran y se anulan entre sí, por lo que la cuerda no se mueve en ninguna dirección.

Tirar

El perro y la niña tiran de la correa en direcciones opuestas.

Velocidad

Todos los objetos se mueven a una velocidad diferente según su **peso**, **potencia** y la **fricción** que se les opone. Cuanto más rápido va un objeto, mayor es su velocidad.

Los koalas pueden correr muy rápido, ¡pero prefieren pasar el tiempo descansando en los árboles!

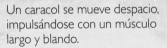

Un caracol se mueve despacio, impulsándose con un músculo largo y blando.

Las ruedas de una patineta son lisas, lo que les permite moverse más deprisa.

Atleta

Las personas que entrenan para correr rápido se llaman velocistas. Tienen que trabajar duro para desarrollar sus músculos.

Cucaracha

Estos insectos pueden escabullirse muy deprisa. Son más rápidos cuando se apoyan sobre sus dos patas traseras.

Aceleración

Cuando algo se mueve cada vez más rápido, se acelera. Es lo que les pasa a los carritos de una montaña rusa cuando van cuesta abajo: su velocidad aumenta y terminan moviéndose más rápido que al principio.

Los caballos tienen patas fuertes que les permiten galopar muy rápido.

Coche de carreras

Un coche de carreras está hecho para desplazarse con velocidad. Tiene un motor potente y una forma alargada y estrecha que le permite ir superrápido.

Chita

Es el animal terrestre más rápido del mundo, pues puede alcanzar los 113 km/h.

Pez vela

La forma estilizada del pez vela le permite moverse por el agua rápida y fácilmente. Es el pez más rápido del océano.

Los halcones vuelan a una velocidad de hasta 320 km/h. Son las aves rapaces más rápidas del mundo.

Energía eólica

Una forma de generar electricidad es mediante turbinas eólicas, cuyas aspas giran con el viento. Estas alimentan un generador que produce electricidad.

Electricidad

La electricidad es un tipo de **energía** generada por el movimiento de unas pequeñas partículas llamadas **electrones**. Muchas cosas que usamos cada día necesitan electricidad para funcionar, como las luces, las computadoras y los trenes.

Circuito

Hace falta electricidad para que funcione una bombilla. La electricidad llega a la bombilla al fluir a través de un recorrido que regresa sobre sí mismo y se llama circuito.

Al conectar el interruptor, la bombilla se enciende.

Ten siempre mucho cuidado al manipular aparatos eléctricos.

Cables

La electricidad fluye por cables de metal. Por seguridad, los cables se recubren con plástico.

Cuando enchufamos un aparato, este se conecta a un circuito eléctrico.

Los relámpagos son un tipo de electricidad.

Si se atasca el pan en una tostadora, nunca uses un objeto de metal para sacarlo.

Esta tetera calienta agua y funciona con electricidad.

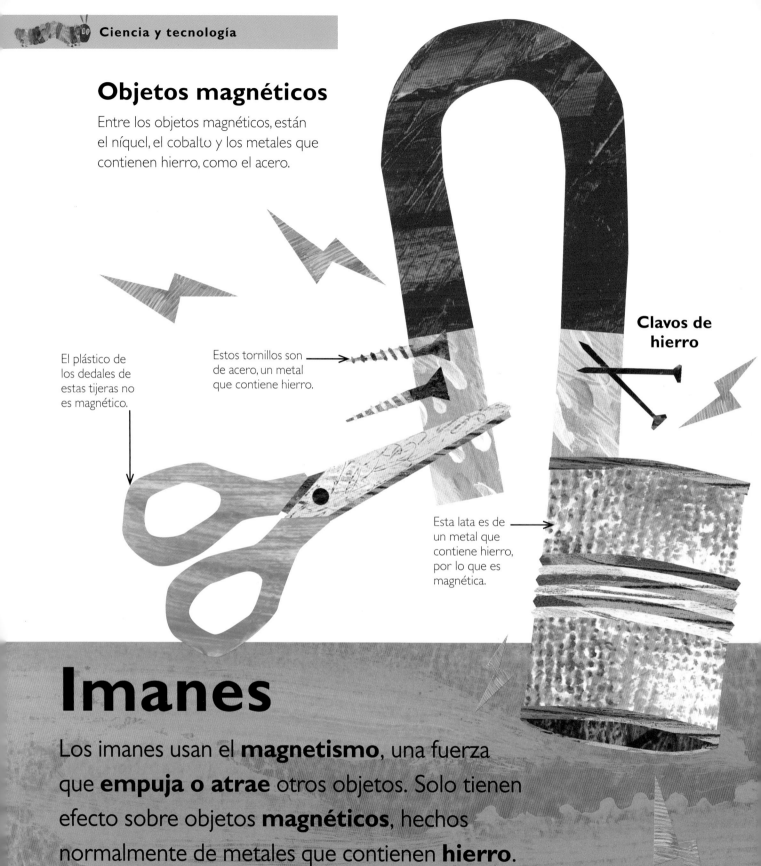

Objetos magnéticos

Entre los objetos magnéticos, están el níquel, el cobalto y los metales que contienen hierro, como el acero.

El plástico de los dedales de estas tijeras no es magnético.

Estos tornillos son de acero, un metal que contiene hierro.

Clavos de hierro

Esta lata es de un metal que contiene hierro, por lo que es magnética.

Imanes

Los imanes usan el **magnetismo**, una fuerza que **empuja o atrae** otros objetos. Solo tienen efecto sobre objetos **magnéticos**, hechos normalmente de metales que contienen **hierro**.

Objetos no magnéticos

Cualquier objeto que no contenga hierro u otros materiales magnéticos no es magnético, por ejemplo, metales como el oro y materiales como el vidrio. Esto significa que no se verán afectados por un imán.

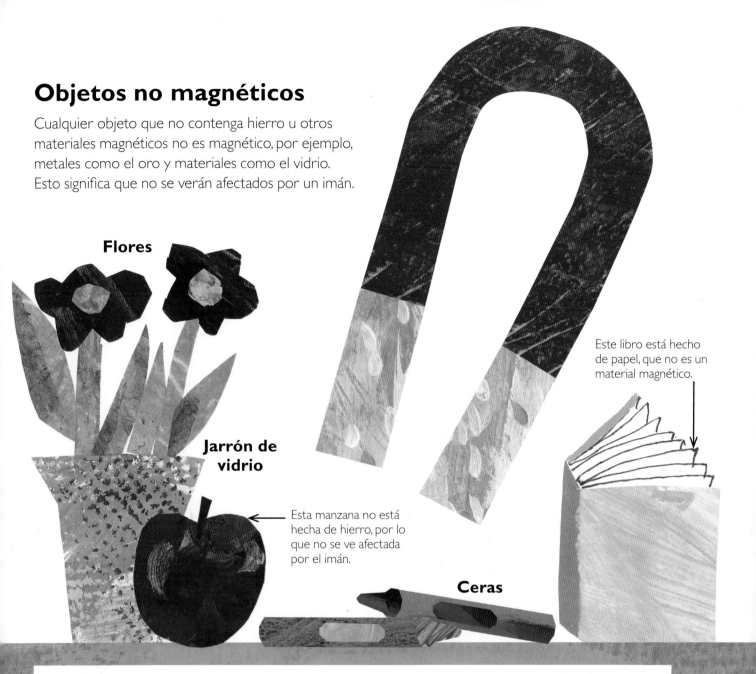

Flores

Jarrón de vidrio

Este libro está hecho de papel, que no es un material magnético.

Esta manzana no está hecha de hierro, por lo que no se ve afectada por el imán.

Ceras

Polos magnéticos

En todos los imanes, la fuerza del magnetismo es más fuerte en los extremos, llamados polos. Los imanes de barra rectos tienen un polo norte en un extremo y un polo sur en el otro. ¡Mira cómo se afectan entre sí!

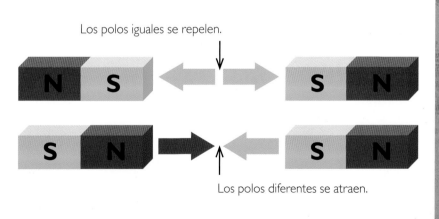

Los polos iguales se repelen.

N S   S N

S N   S N

Los polos diferentes se atraen.

Posiciones

La posición de algo es **dónde está** en relación con otras cosas. Palabras como «delante», «detrás», «izquierda», «derecha», «arriba» y «abajo» son útiles para **describir** la posición de un objeto o una persona.

Derecha

Izquierda

Encima

Debajo

186

Detrás

Delante

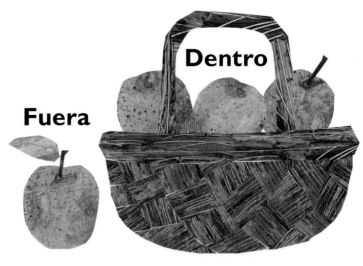

Dentro

Fuera

Entre

Junto a

Lejos

Cerca

Juntos

187

Computadoras

Las computadoras son asombrosas. Funcionan siguiendo **instrucciones** sencillas o **códigos**. ¡Aprendamos a pensar como una computadora!

Seguir instrucciones

Programar una computadora es decirle lo que debe hacer. Para escribir un programa, debes darle a la computadora instrucciones simples, como si fueran los pasos que hay que seguir en una receta.

Ve hacia delante

Gira a la derecha

Gira a la izquierda

¡Programa a la oruga!

¿Puedes usar estas instrucciones para guiar a la oruga hacia la manzana? ¡Intenta evitar a los animales que se esconden en el laberinto!

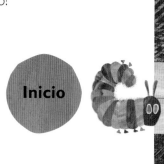

Inicio

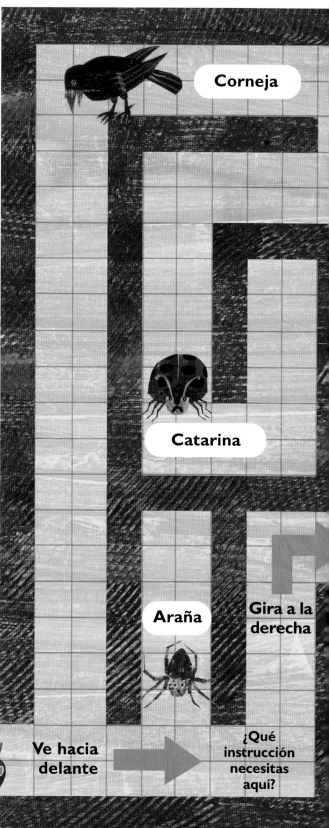

Corneja

Catarina

Araña

Gira a la derecha

Ve hacia delante

¿Qué instrucción necesitas aquí?

Y, ahora, ¿qué?

Gira a la izquierda

Ve hacia delante

Manzana

Y, ahora, ¿por dónde?

Iguana

Computadoras

Las computadora son máquinas que almacenan información y realizan tareas. Con el tiempo, evolucionaron y se volvieron más sofisticadas. Algunas son muy grandes, ¡pero otras son tan pequeñas que las puedes llevar en la muñeca como un reloj!

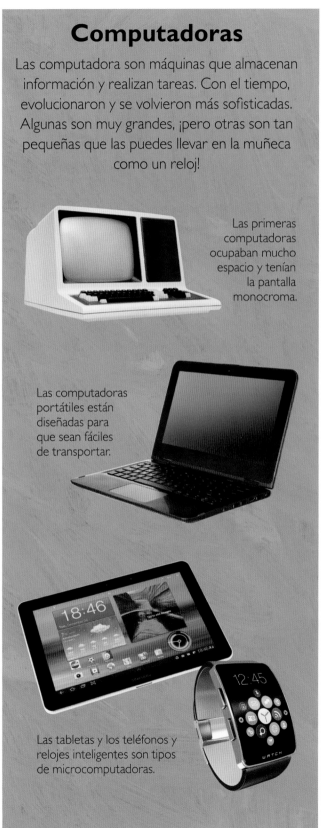

Las primeras computadoras ocupaban mucho espacio y tenían la pantalla monocroma.

Las computadoras portátiles están diseñadas para que sean fáciles de transportar.

Las tabletas y los teléfonos y relojes inteligentes son tipos de microcomputadoras.

Números

Los números se pueden usar para explicar muchas cosas diferentes. ¡Nos ayudan a decir la **hora,** a medir **tamaños** y **distancias** y a llamar por teléfono!

Números y más números

Estamos rodeados de números. Todos los días los usamos para todo tipo de cosas, desde hacer sumas y restas hasta pesar alimentos y saber el límite de velocidad en una carretera.

Reloj

Teléfono

Regla

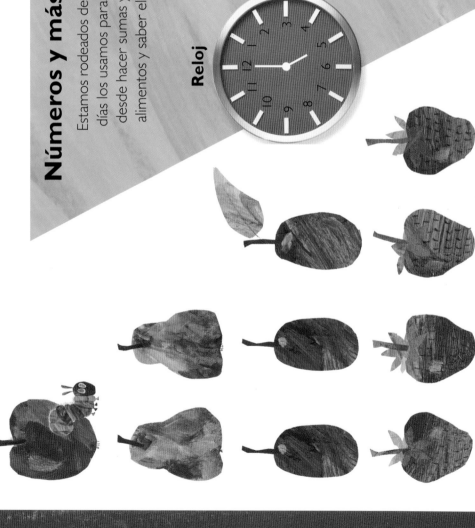

Cuando un número es menor que cero, se llama número negativo y se escribe con un signo menos delante.

El número cero no representa nada. Un plato sin comida no tiene nada.

-1

0

1

2

3

4

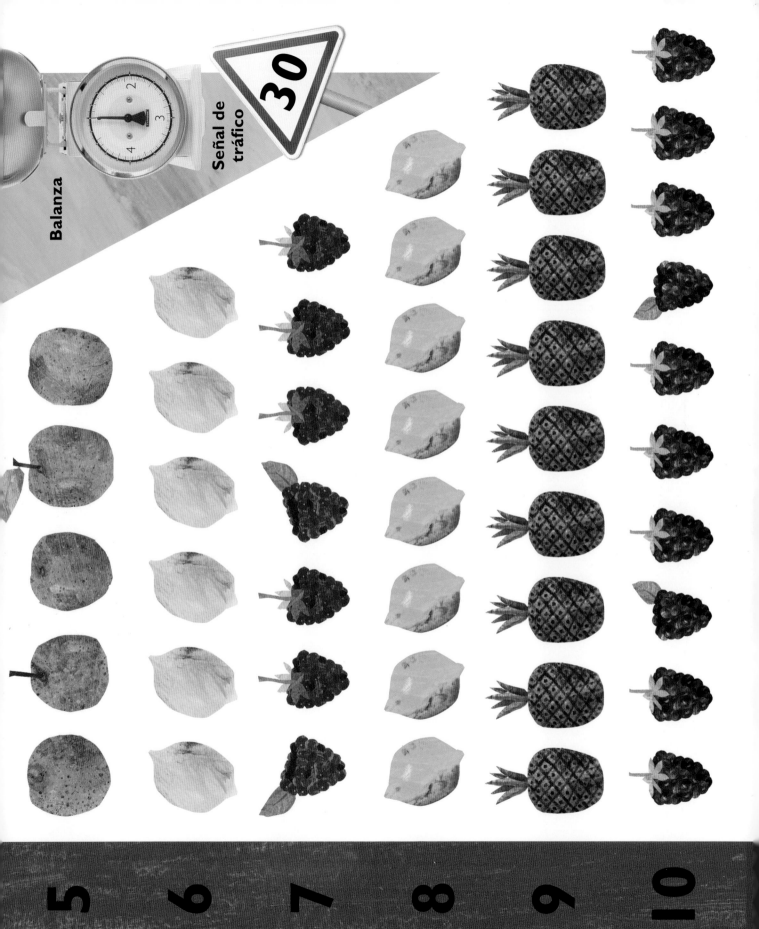

5

6

7

8

9

10

Mi rutina diaria

Solemos hacer cosas parecidas en el mismo **orden** todos los días. Nos levantamos, desayunamos y vamos a la escuela. Es nuestra rutina diaria, y nos ayuda a **organizarnos**.

Dormir

Pasamos la mayor parte de la noche acurrucados y dormidos profundamente.

Hora de acostarse

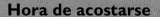

Muchas personas tienen una rutina a la hora de dormir. Por ejemplo, tomar un vaso de leche o leer un cuento antes de lavarse los dientes e irse a la cama.

Noche

Atardecer

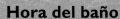

Hora del baño

Es bueno bañarse o ducharse todos los días para estar limpio.

Cenar

La cena es la última comida del día. Se suele comer al final de la tarde o al anochecer.

Levantarse

La mayoría de las personas se despiertan por la mañana, poco después del amanecer, cuando sale el sol. Después de levantarse de la cama, ¡es hora de vestirse!

Desayuno

Después de despertarte y vestirte, ¡es la hora del desayuno! Es importante tomar un desayuno saludable para empezar bien el día.

Mañana

Escuela

La mayoría de los niños van a la escuela todos los días por la mañana, excepto los fines de semana. Suelen hacer cosas en el mismo orden cada día: primero van a las clases y más tarde, descansan en el recreo..

Tarde

Almuerzo

El almuerzo suele ser a mediodía. Puedes traer un almuerzo de casa o comer lo que preparan en la escuela. Y, después, ¡a seguir aprendiendo!

Volver a casa

Hacia el final de la tarde, es hora de irse a casa. ¿Cómo vas tú, caminando, en bicicleta, en automóvil, en autobús escolar o en transporte público?

Decir la hora

Los relojes nos dicen la hora.
Los analógicos tienen manecillas
móviles y las horas marcadas
del 1 al 12 para indicar
la hora en cada
mitad del día.

La aguja larga
señala los minutos.

La aguja corta
indica las horas.

Estos números
indican las 12
horas en cada
mitad del día.

Estas líneas
indican minutos.

Tiempo

El tiempo nos ayuda a **organizar nuestra vida**. Nos indica cuándo
levantarnos por la mañana o cuántos años tenemos. Medimos
el tiempo en **segundos**, **minutos**, **horas**, **días** y **años**.

Minutos y horas

Cada día se divide en 24 horas.
Cada hora tiene una duración de
60 minutos. Tardamos unos dos
minutos en lavarnos los dientes.

En las granjas o en el
campo, ¡la gente sabe
que sale el sol porque
el gallo canta!

Semanas, meses y

Los períodos de tiempo más largos
semanas, meses y años, ¡e incluso e
grandes! Un milenio son 1000

Diciembre

Una semana tiene siete días.

Lun.	Mar.	Mié.	Jue.	Vie.	Sáb.	Dom.

Cada mes tiene unas
cuatro semanas.

Un año tiene
12 meses.

Altura

Podemos medir la altura de cualquier cosa, desde la montaña más alta hasta la criatura más pequeña. La altura se mide en metros y centímetros.

Esta línea de puntos muestra dónde mirar en la regla para ver lo alto que eres.

Un metro tiene 100 centímetros.

Peso

Para pesar un objeto, necesitarás una balanza. El peso generalmente se mide en gramos o kilogramos. Pesar los ingredientes es una parte muy importante de cocinar.

La aguja de esta balanza indica cuánto pesan los limones y las limas.

Medir

Las mediciones nos permiten **saber** más sobre los objetos y **compararlos**. Las cosas pueden ser grandes, pequeñas, pesadas, ligeras, calientes o frías.

Pequeño

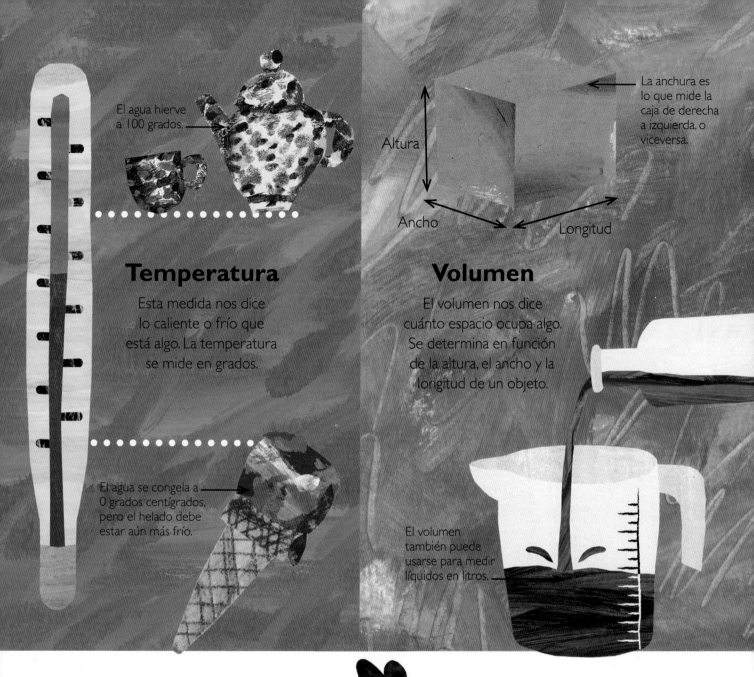

El agua hierve a 100 grados.

Temperatura

Esta medida nos dice lo caliente o frío que está algo. La temperatura se mide en grados.

El agua se congela a 0 grados centígrados, pero el helado debe estar aún más frío.

La anchura es lo que mide la caja de derecha a izquierda, o viceversa.

Altura

Ancho

Longitud

Volumen

El volumen nos dice cuánto espacio ocupa algo. Se determina en función de la altura, el ancho y la longitud de un objeto.

El volumen también puede usarse para medir líquidos en litros.

Mediano

Grande

Tamaño

Grande, mediano y pequeño son palabras que usamos para comparar el tamaño de las cosas.

Formas

Algunas formas son **redondas**, mientras que otras son **rectas**. También hay formas **planas** y otras que son **profundas**.

Formas 2D

Las formas bidimensionales son planas. Tienen solo una longitud y una altura y no son gruesas. Hay muchas formas 2D diferentes.

Círculo
Un círculo tiene un solo lado curvo.

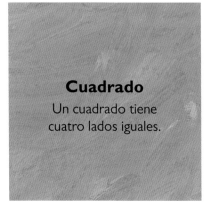

Cuadrado
Un cuadrado tiene cuatro lados iguales.

Triángulo
Todos los triángulos tienen tres lados rectos.

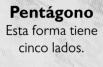

Pentágono
Esta forma tiene cinco lados.

Hexágono
Esta forma tiene seis lados.

Octágono
Un octágono tiene ocho lados.

Formas 3D

Las formas tridimensionales tienen grosor. Tienen longitud, altura y profundidad. Cualquier forma que no sea plana es una forma 3D. Usamos muchas formas 3D en la vida cotidiana.

Cubo

Los cubos tienen seis caras y ocho aristas.

Esfera

Una esfera tiene una sola cara.

Cilindro

Esta forma tiene tres caras.

Cono

Un cono tiene dos caras.

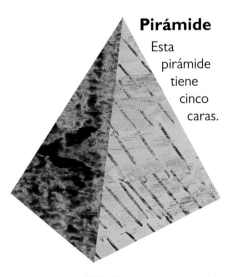

Pirámide

Esta pirámide tiene cinco caras.

Formas del mundo

Todo lo que te rodea está hecho de muchas formas diferentes, ¡incluso este libro que estás leyendo ahora mismo! He aquí algunos objetos que tienen diferentes formas:

Este pedazo de pastel es un cubo con una cereza en forma de esfera encima.

Un panal tiene muchos hexágonos.

Este helado es un cono con una esfera encima.

Simetría

Cuando **dos mitades** de una forma coinciden, se llama simetría. Hay **dos tipos** de simetría: **reflexiva** y **rotacional**.

Simetría reflexiva

Este tipo de simetría nos muestra cuántas líneas se pueden dibujar para dividir una forma en partes idénticas.

Un eje de simetría

Este triángulo tiene un eje de simetría. Se puede dividir por la mitad y cada lado es exactamente igual.

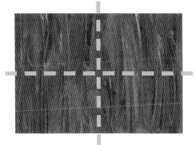

Dos ejes de simetría

Un rectángulo tiene dos ejes de simetría. Se puede dividir vertical u horizontalmente en partes idénticas.

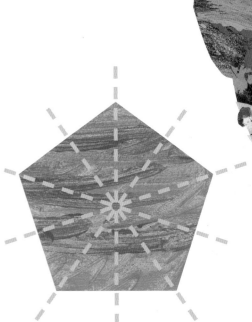

Más ejes de simetría

Algunos objetos pueden tener muchos ejes de simetría. Este pentágono tiene cinco ejes de simetría.

Simetría rotacional

El grado de simetría rotacional de un objeto es la cantidad de veces que tiene el mismo aspecto cuando realiza un giro completo. Aquí hay algunos ejemplos de simetría rotacional en la naturaleza.

Esta planta tiene muchos grados de simetría rotacional.

Esta flor también tiene el mismo aspecto en muchas posiciones.

Esta mariposa se puede dividir en dos partes idénticas.

Eje de simetría

¿Son simétricas estas imágenes?

¡No! También hay muchos objetos que no son simétricos en absoluto. Decimos que estos objetos son asimétricos.

Esta estrella de mar tiene cinco grados de simetría rotacional.

Este trébol tiene tres grados de simetría rotacional.

El espacio

El universo

Nuestro hogar es la Tierra. Nuestro planeta y **todo** lo que lo rodea forman el universo: **estrellas**, **planetas**, **lunas** y mucho espacio vacío y oscuro.

Nuestro hogar

La Tierra es el único planeta conocido en el que hay seres vivos. En ella viven unos ocho mil millones de personas.

Planeta Tierra

Nuestro planeta es casi todo azul porque está en gran parte cubierto de agua. Las partes verdes son tierra firme.

El sistema solar

El sistema solar es nuestro lugar en el universo, con el Sol y ocho planetas que se mueven a su alrededor.

El Big Bang

Los científicos creen que nuestro universo comenzó con una gran explosión hace 13 800 millones de años. Desde entonces, el universo siguió creciendo.

El universo

Todo lo que hay en el espacio conforma el universo. Más allá de la Vía Láctea, hay miles de millones de galaxias.

Vía Láctea

El sistema solar es parte de la galaxia de la Vía Láctea. Es una gran espiral formada por millones de estrellas y planetas.

El sistema solar

El **Sol** está en el **centro** del sistema solar. Los **ocho planetas** y otros objetos más pequeños se mueven a su alrededor, como lunas y trozos de roca y hielo.

Venus

Venus está cubierto de nubes. Es el planeta más caliente del sistema solar.

Marte

Marte, a veces llamado el Planeta Rojo, tiene la mitad del tamaño de la Tierra.

Mercurio

El planeta más pequeño del sistema solar es Mercurio. Es el más cercano al Sol.

La Tierra

La Tierra es nuestro hogar y el único planeta conocido que tiene seres vivos.

El Sol

El Sol es nuestra estrella más cercana. Nos da el calor y la luz que necesitamos en la Tierra.

Saturno
Saturno tiene enormes anillos planos de hielo y roca.

Neptuno
Neptuno es muy frío y es el planeta más alejado del Sol.

Urano
Urano es el planeta más frío y el único que gira de lado.

Júpiter
Júpiter es el planeta más grande y está compuesto sobre todo de gas.

Día y noche

Durante 24 horas, o un día, el cielo cambia de **claro a oscuro**. A medida que el tiempo pasa del **día a la noche**, diferentes criaturas se despiertan y se duermen.

Día

Cuando sale el sol por la mañana, comienza un nuevo día. El sol da luz y calor, lo que despierta a los animales, como nosotros, que estamos activos durante el día.

Solo vemos un lado de la Luna. La parte que se aleja de la Tierra se llama la cara oscura.

Noche

La noche es cuando el Sol se pone, el cielo se oscurece y vemos brillar la Luna y las estrellas. La mayoría de los animales se acomodan para descansar, pero hay algunos que se despiertan entonces y comienzan a explorar en busca de comida.

Rayos del Sol

Noche

Día

¿Por qué el Sol sale y se pone?

Todos los días, la Tierra gira una vez. La mitad que mira al Sol está iluminada, mientras que la otra mitad está en la oscuridad. Esto crea el día y la noche.

Luna nueva

La cara de la Luna está oscura en esta fase.

Luna creciente

La Luna avanzó un poco alrededor de la Tierra. Ahora podemos ver el borde iluminado por la luz del Sol.

Cuarto creciente

La Luna recorrió una cuarta parte del camino alrededor de la Tierra.

Gibosa creciente

Al iluminarse una mayor parte del lado que mira hacia la Tierra, llamamos a la Luna gibosa.

Las fases de la Luna

La **Luna** es el cuerpo celeste más cercano a la Tierra en el espacio. Parece **cambiar de forma** en el transcurso de aproximadamente un mes. Esto se debe a que el Sol **ilumina** diferentes partes de la Luna a medida que se mueve alrededor de la Tierra.

Luna llena

La cara que mira a la Tierra está totalmente iluminada.

Gibosa menguante

A medida que la parte de la Luna iluminada disminuye, la llamamos menguante.

Cuarto menguante

La Luna recorrió tres cuartos de su viaje alrededor de la Tierra.

Luna menguante

Solo podemos ver una pequeña rayita de Luna. Pronto, se pondrá de nuevo oscura.

La Luna está a casi 400 000 km. ¡Tardarías unos nueve años y medio en llegar hasta allí caminando!

Rocas espaciales

En el sistema solar, además del Sol y los planetas, hay pedazos de roca más pequeños. Son de **metal** y **hielo**, y también de **roca**.

Asteroides

Los asteroides son trozos de roca que giran alrededor del Sol. Hay miles de ellos, de todas las formas y tamaños imaginables.

Meteoroides

Cuando los asteroides chocan entre sí, forman unas rocas más pequeñas y frágiles llamadas meteoroides.

Chatarra espacial

Desde que el ser humano explora el espacio, deja basura, como satélites viejos y pedazos de cohetes. Los científicos buscan maneras de limpiar este desorden antes de que se vuelva peligroso para las nuevas naves espaciales.

Meteoros

Cuando un meteoroide se acerca a la Tierra, su superficie se derrite, creando un destello de luz llamado meteoro o estrella fugaz.

Meteoritos

Si una roca espacial choca contra la Tierra, puede hacer un agujero en el suelo llamado cráter. La roca entonces pasa a denominarse meteorito.

¡Impacto!

En Arizona, hay un cráter donde un meteorito se estrelló contra la Tierra hace unos 50 000 años. Se llama cráter Barringer, ¡y es tan ancho como diez campos de futbol!

Cráter Barringer en Arizona, EE. UU.

Constelaciones

El cielo nocturno es un gran rompecabezas. Durante miles de años, la gente miró hacia arriba y vió que las estrellas se agrupan en formas que llamamos constelaciones.

Se dice que la constelación de Cáncer se parece a un cangrejo gigante.

Si conectas las estrellas de la constelación de Tauro, parece un toro embistiendo.

Ver los cielos

Si quieres observar las estrellas, necesitas herramientas adecuadas. Los telescopios y los binoculares hacen que las estrellas y los planetas se vean mucho más cerca.

Cielo nocturno

Si miras el cielo en una noche despejada, verás cientos de **estrellas**. Esos pequeños puntos son en realidad bolas gigantes de **gas caliente** en llamas y están muy lejos.

La constelación de Piscis representa un par de peces que comparten una estrella en la cola.

Mirar al espacio

Telescopio esférico gigante

En China, este enorme telescopio capta señales que podrían darnos datos sobre vida en otros planetas.

Telescopio reflector

El telescopio del Observatorio de Roque de los Muchachos, en España, usa espejos para una mayor claridad.

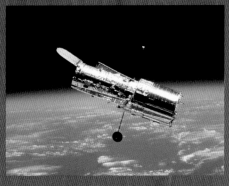

Telescopio espacial

El telescopio espacial *Hubble* gira alrededor de la Tierra unas 15 veces al día y toma increíbles fotos del espacio.

El primer astrónomo

Los astrónomos son los científicos que estudian el espacio. El primer astrónomo que usó un telescopio, hace más de 400 años, fue un italiano llamado Galileo Galilei.

En el espacio

Cohetes muy potentes vuelan al espacio para **explorar** otros planetas y lunas. A veces incluso llevan pasajeros, los **astronautas**.

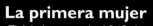

La primera mujer
El 16 de junio de 1963, la cosmonauta rusa Valentina Tereshkova fue la primera mujer en viajar al espacio.

1963

Sputnik 1
El primer objeto puesto en órbita fue el *Sputnik* 1, lanzado en 1957.

1957

1961

1942

Cohete alemán V-2
El 3 de octubre de 1942, el V-2 fue el primer cohete lanzado al espacio.

Primer hombre en el espacio
El cosmonauta ruso Yuri Gagarin fue la primera persona en viajar al espacio.

Los exploradores espaciales rusos reciben el nombre de cosmonautas.

Estación Espacial Internacional (EEI)

La construcción de la EEI comenzó en 1998. Es un hogar y lugar de trabajo para los astronautas en el espacio.

1969

1998

2019

2012

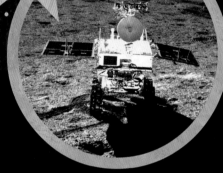

Primeros hombres en la Luna

En 1969, los astronautas estadounidenses Neil Armstrong y Buzz Aldrin fueron las primeras personas en pisar la Luna.

Róver Curiosity en Marte

En 2012, el *Curiosity* fue el vehículo robótico más grande en aterrizar en Marte.

El Chang'e 4, de China

El 2 de enero de 2019, China hizo aterrizar un róver en la cara oculta de la Luna. En 2021, China también aterrizó en Marte otro vehículo, el *Zhurong*.

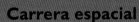

Carrera espacial

En la década de 1960, la Unión Soviética (ahora Rusia) y Estados Unidos compitieron por ser el primer país en enviar una persona a la Luna. En 1969, Estados Unidos logró el primer alunizaje.

Este sello celebra el lanzamiento de dos naves espaciales de la Unión Soviética.

Este sello conmemora la primera llegada de EE. UU. a la Luna.

Glosario

aceleración
Cuando algo se mueve
cada vez más deprisa.

agalla
Órgano en el costado del cuerpo
de un pez u otra criatura acuática
que le permite respirar.

animal nocturno
Animal que duerme durante el día
y está despierto de noche.

arrecife de coral
Estructura parecida a una roca
formada por grupos de diminutos
animales marinos llamados corales.
Los arrecifes de coral se encuentran
a menudo a lo largo de las costas.

átomo
La parte más pequeña de un
sólido, un líquido o un gas.

brújula
Objeto que ayuda a orientarse
al mostrar las direcciones.

caducifolio
Tipo de árbol que pierde sus hojas
en otoño.

circuito
Bucle hecho de cables por los
que puede fluir la electricidad.

civilización
Grupo de personas con una cultura
y forma de vida compartidas, que
viven en una cierta región o época.

conífera
Tipo de árbol que está verde
todo el año.

continente
Gran área de tierra, como Asia o África.

cordillera
Grupo de montañas unidas.

cráter
Gran agujero en el suelo hecho por
el impacto de una roca espacial.

depredador
Animal que caza y come otros
animales.

electricidad
Energía que hace funcionar aparatos
eléctricos, como una tostadora.

energía
Recurso natural que se utiliza para
hacer funcionar aparatos, como la
energía lumínica o la eléctrica.

estación
Período del año, como el verano
o el invierno.

festividad
Celebración o evento especial,
a menudo con baile y música.

fósil
Restos de un antiguo animal o planta.

fotosíntesis
Proceso mediante el cual las plantas
elaboran su propia comida.

fricción
Fuerza que frena los objetos
en movimiento.

fuerza
Impulso que afecta al modo en
que se mueve un objeto.

fundido
Se dice de una roca o
un metal cuando están
calientes y en forma líquida.

gravedad
Fuerza que atrae a unos objetos hacia otros.

hibernación
Sueño profundo en el que entran algunos animales durante los meses de invierno.

magnetismo
Fuerza de los imanes para atraer o repeler objetos.

mineral
Sustancia que se encuentra en las rocas y en el suelo.

músculo
Parte del cuerpo que te permite moverte.

museo
Lugar donde se exhiben al público obras de arte.

onda sonora
Forma en que el sonido viaja a través del aire.

órbita
Trayectoria de un objeto en el espacio alrededor de otro.

órgano
Parte del cuerpo que cumple una función específica. Por ejemplo, tus pulmones te permiten respirar.

partícula
Parte diminuta de un sólido, un líquido o un gas.

planeta
Objeto espacial grande y esférico que se mueve alrededor de una estrella.

polo norte
El punto más al norte de la Tierra.

polo sur
El punto más al sur de la Tierra.

prehistórico
De un tiempo antiguo antes de la historia registrada.

presa
Animal cazado y comido por otro.

radiografía
Imagen que muestra el interior de tu cuerpo.

reciclar
Convertir un objeto de desecho en algo nuevo.

refugio
Lugar que ofrece protección contra el clima y los peligros.

sentidos
Capacidades que te hacen consciente del mundo, como el olfato, el gusto y la vista.

telescopio
Herramienta que hace que objetos lejanos como los planetas parezcan más cercanos de lo que están.

trópico
Área con muchas lluvias y temperaturas cálidas.

volcán
Montaña llena de roca caliente llamada magma que a veces entra en erupción.

Índice

Aa

ábacos 159
aceleración 181
adjetivos 38-9
África 63, 70-1
agricultura 13, 108-9, 145
agua dulce 89
agua salada 83, 88-9, 98, 99
águilas 123
altura 196
América del Norte 62, 66-7
América del Sur 62, 66-7
amigos 11
anfibios 104, 110, 135
animales 98, 99, 104-35, 139, 153
   nocturnos 132-3
   polares 124-5, 131
   sabana 128-9
años 195
árboles 100, 101, 112-13
   caducifolios 101, 113
arcoíris 174-5
arrecifes de coral 119
arte 10, 28-9, 156-7, 165
Asia 63, 64-5
astronautas 216-17
atracción 179
aves 105, 110, 113, 116, 121, 123, 124, 133, 141
aviones 13, 20-1, 161, 165

Bb

babosas 114
balanzas 158, 191
barcos 18-19, 161
basura espacial 212
bebés 48-9
bicicletas 17, 161
Big Bang 204
bombillas 158, 182-3

bosques 112-13
Braille 37
brújulas 152
budismo 25, 26
búhos 133
buitres 129

Cc

caballitos de mar 118
caballos 108, 151, 181
cabezas 42
cables 183
cabras 120
camaleones 130
cámaras 159
cambio climático 95
camellos 122
caminar 95
campo 8
camuflaje 130-1
cangrejos 117, 131
Carle, Eric 157
casas 8-9, 54-5, 143, 193
castillos 150-1
caza 111, 118, 123, 125, 128, 129, 132, 138, 142
cebras 128
cerdos 108
cerebro 44
China antigua 139, 148-9, 161
ciclos vitales 48-9, 134-5
cielo nocturno 214-15
ciénagas 111
circuitos 182
ciudades 9
clima 90-1
coches 16, 161, 181
collage 29
colores 172-3
comida 30-1, 50-1, 98, 102, 113, 128-9, 192, 193

computadoras 165, 188-9
conejos 106
Confucio 164
coníferas 112
constelaciones 214-15
continentes 62-3
corteza terrestre 74-5, 81
cosechas 109
cráteres, impacto 213
crecimiento 48-9, 98, 102-3
criaturas marinas 82-3, 118-19
crisálidas 134, 135
cristianismo 24, 26, 27
cuentos tradicionales 154-5
cuerpo 42-9
cultivar un jardín 95
Curie, Marie 164

Dd

delfines 119
deportes 34-5
derivados lácteos 51
desiertos 84-5, 122-3
día 193, 208
diablos espinosos 123
días 194-5
dibujo 29
dientes 52
dieta 50-1
dinosaurios 138, 140-1
dióxido de carbono 103
diplodocus 140
dragones 149
drones 21

Ee

Earhart, Amelia 165
Edad de Piedra 142-3
Egipto antiguo 139, 144-5, 160, 161

ejercicio 53
ejército de terracota 139, 148
Elbrús, monte 80
electricidad 182-3
elefantes 128
emociones 56
emojis 37
empuje 178
emúes 129
erizos 133
escarabajos 115, 129, 145
escorpiones 123
escribir 10, 149, 159
escuela 10-11, 193
escultura 29, 156
esqueletos 45
Estación Espacial Internacional (EEI) 217
estaciones 92-3
estegosaurios 141
estrellas 214-15
estrellas de mar 117, 119, 200
Europa 63, 68-9
Everest, monte 81
exploradores 152-3

Ff

faraones 145
felicidad 57
festividades 26-7
flores 100, 200
focas 116, 125
formas 198-9, 200-1
   2D 198
   3D 199
fósiles 141
fotosíntesis 103
fricción 179
frutas y verduras 51, 100, 101
fuego 143
fuerzas 178-9, 184

Gg

gacelas 123
gálagos 132
gallinas 109, 134
Gandhi, Mahatma 164
gases 169
gatos 107, 144
globos aerostáticos 20
Gran Muralla china 65, 148
grasas 51
gravedad 164, 179
Grecia antigua 139, 146, 160
gusto 46

Hh

hábitats 110-29
helicópteros 20
hidratos de carbono 50
hierro 184, 185
hinduismo 24, 27
hojas 103, 113
Hokusai, Katsushika 165
hongos 99, 122
hormigas 115
horas 195
huesos 45
huevos 134
humedales 110, 111

Ii

idiomas 36-7
impresión 159
insectos 114-15
instrumentos musicales 32-3
inventos 158-9
invertebrados 104, 114-15
ir en bicicleta 95
islam 25, 27

Jj, Kk

jerbos 122
jeroglíficos 145
jirafas 129
Johnson, Katherine 165
judaísmo 24, 27
Juegos Olímpicos 35
jugar 8, 9, 11, 162-3
juguetes 162-3
junglas 126-7
Júpiter 207
justas 151
Kilimanjaro, monte 80
King, Martin Luther, Jr. 164

Ll

lagartos 123
lava 76, 77
lavarse 52-3
leer 11, 36, 37
lenguaje de signos 36
leones 129
leopardos de las nieves 121
líneas de simetría 200-1
líquidos 169
llamas 120
lluvia 89, 90, 91, 93
lobos 132
lombrices 114
Lovelace, Ada 165
luciérnagas 133
Luna 209, 210-11, 217
luz 99, 174-5
luz solar 174, 175

Mm

madera 171
magma 76, 77
magnetismo 184-5
mamíferos 105

mamuts lanudos 139
manatíes 119
manto terrestre 74
mapaches 132
máquinas 14-15
mareas 117
mariposas 134-5, 201
Marte 17, 206, 217
mascotas 106-7
materia, estados de la 168-9
materiales 170-1
medicina 59, 100, 159
medición 196-7
médicos 12, 58-9
medusas 119
Mercurio 206
meses 195
metales 171
meteoritos 213
meteoros 213
miedo 56
minerales 86-7, 99
minutos 195
miriápodos 114
momias 144
monos 121, 129
montañas 80-1, 120-1
monzones 93
murciélagos 133
músculos 45
museos 138-9
música 32-3

Nn

narvales 125
naufragios 153
Neptuno 207
Newton, Isaac 164
noche 192, 209
nubes 88
nubes de ceniza 77

núcleo terrestre 74-5
números 190-1

Oo

obras 14-15
Oceanía 63, 72-3
océanos 82-3, 88-9
oído 47
olfato 47
orcas 125
órganos 44
orugas 135
osos 113, 125
ovejas 109
oxígeno 95, 103

Pp

pandas rojos 120
Pantanal 111
pantanos 111
papel 159, 171
paracaídas 21
partículas 168-9
peces 105, 106, 110, 117, 118
perritos de las praderas 128
perros 107
peso 196
piedras preciosas 87

piel 44
pingüinos 124
pintura 28, 156-7
pirámides 144
placas tectónicas 81
plantas 95, 99, 100-3, 112, 126-7, 153, 200
plásticos 94, 99, 170
playas 116-17
plumas 141
policía 13
polos magnéticos 185
porcelana 148, 156
posiciones 186-7
primeros auxilios 55
programación 188
propiedades de los materiales 171
proteína 50
pterodáctilo 141
pueblos prehistóricos 138

Qq, Rr

quokkas 72, 128
raíces 102, 114
ranas 104, 110, 135, 154
rayos X 58, 164
reciclaje 94
religión 24-7, 146
relojes 190, 194
reptiles 104, 110, 123
respeto 43
respirar 98
Richter, escala de 78-9
rocas espaciales 212-13
rocas ígneas 86-7
rocas metamórficas 87
rocas sedimentarias 86
Roma antigua 139, 147
ropas 22-3

ruedas 161
rutinas diarias 192-3

Ss

sabana 128-9
salud 50-3, 58-9
Saturno 207
seda 149
seguridad 54-5
selvas tropicales 126-7
semanas 195
semillas 102
sentidos 46-7, 133
sentimientos 56-7
sepiola atlántica 124
seres inertes 99
seres vivos 98-9
Shakespeare, William 165
sijismo 25
simetría 200-1
sistema solar 204, 206-7
Sol 206, 209, 210
sólidos 168
sombras 175
sonido 176-7
submarinos 18
suelo 99, 114-15
sueño 53, 192

Tt

tacto 47
tamaño 196-7
taoísmo 25
tejidos 22, 170
teléfonos 158
teléfonos inteligentes 159, 189
telescopios 214, 215
televisión 158
temperatura 199
terremotos 78-9

tiburones 118
tiempo 194-5
Tierra 74-5, 204, 206, 210
tigres 131
topos 115
tormentas eléctricas 91
tornados 91
tortugas 106, 117
trabajos 12-13
transporte 8, 9, 16-17, 160-1
trenes 17, 160
triceratops 141
turberas 110
tiranosaurios 140

Uu, Vv

universo 204-5
Urano 207
vaca 109
velocidad 180-1
Venus 206
veterinarios 12
Vía Láctea 205
viajes espaciales 17, 216-17
víboras 123

vibraciones 176
vida salvaje costera 116-17
vidrio 170
vista 47
volcanes 76-7
volumen (sonido) 176
volumen (tamaño) 197
vuelo 20-1, 105

Yy, Zz

yaks 121
zapatos 23, 158
zorros 112, 122, 124

Agradecimientos

El mundo de Eric Carle alimenta el amor de los niños por leer y aprender, fomentando el juego imaginativo y la exploración. Con la confianza de padres, profesores y bibliotecarios, y el cariño de generaciones de niños de todo el mundo, *La oruga muy hambrienta* y el resto de los libros del autor cobran vida en páginas y productos llenos de color creados para inspirar a las mentes más ávidas. Eric Carle es un autor aclamado y querido por sus ilustraciones brillantes y sus diseños innovadores. Ha ilustrado más de 70 libros, de los que, en la mayoría de los casos, ha sido también el autor de los textos, que han sido grandes éxitos de ventas, ya que se han vendido más de 170 millones de ejemplares en todo el mundo. *Mi primera enciclopedia* cubre los temas siguientes, claves para el aprendizaje temprano:

Nuestro mundo

Cuerpo y salud

La Tierra

Animales y naturaleza

Historia

Ciencia y tecnología

El espacio

DK quiere agradecer a: Romi Chakraborty, Kanika Kalra, Vijay Khandwal, Bhagyashree Nayak, Balwant Singh y Dheeraj Singh su asistencia en el diseño y la maquetación; Aditya Katyal, Vagisha Pushp y Sakshi Saluja su ayuda en la documentación gráfica; Elle Ward su ayuda con el diseño; Mark Clifton ilustraciones adicionales; Marie Greenwood, Abi Luscombe y Seeta Parmar su ayuda editorial; Caroline Hunt la revisión; y Helen Peters el índice.

Los editores agradecen a los siguientes su amable permiso para la reproducción de sus fotografías:

(Clave: a: arriba; b: bajo/debajo; c: centro; d: derecha; e: extremo; i: izquierda; s: superior)

1 123RF.com: leonello calvetti (bd). **Dorling Kindersley:** Natural History Museum, Londres (cb). Dreamstime.com: Mitgirl (cda). **8 Dreamstime.com:** Günter Albers (bc/bosque); Oksanaphoto (bd). Getty Images / iStock: Peter Llewellyn (bc). **9 Dreamstime.com:** Madrabothair (bd); Dongli Zhang (bc/ciudad); Alexander Ovchinnikov (bc). **10 123RF.com:** imagesource (cda). **11 Getty Images:** DigitalVision / José Luis Peláez Inc (cia). **12 Alamy Stock Photo:** Stephen R. Johnson (bi). **Getty Images / iStock:** E+ / eli_asenova (sd). **Shutterstock.com:** ToeFoTo (c). **13 Alamy Stock Photo:** Design Pics / Radius Images (cd). **Dreamstime.com:** Kiankhoon (sc). **14 Dreamstime.com:** Ajn (sd). **Fotolia:** Yahia Loukkal (ci). **15 Dreamstime.com:** Bjorn Heller / Dr3amer (sd). **16 Dreamstime.com:** Slavun (b). **17 Dreamstime.com:** Dvilfruit (bi). NASA: JPL-Caltech (sd). **18-19 Dreamstime.com:** Slawomir Kruz. **19 Dreamstime.com:** David Burke (cia); Eugenesergeev (cb). **21 Dreamstime.com:** Williammacgregor (bc). **22 Dreamstime.com:** Scott Dumas (bc/kimono). **Getty Images / iStock:** E+ / hadynyah (bc); Nikhil Patil (bd). **23 Alamy Stock Photo:** Ton Koene (bd). **Dreamstime.com:** Kdshutterman (cda); Moti Meiri (ecda); Toxitz (sd). **Getty Images / iStock:** E+ / hadynyah (bi); loonger (bc). **24 Alamy Stock Photo:** Oleksiy Maksymenko Photography (cib); Sean Pavone (sc). Dreamstime.com: Jan Wachala (bd). **Shutterstock.com:** Cenap Refik Ongan (cda). **25 Alamy Stock Photo:** Ian Dagnall (cdb). **Dreamstime.com:** Anekoho (si); Sergii Sverdielov (cda); Resul Muslu (bi). **Getty Images:** Jasmin Merdan (cb). **26 123RF.com:** Martin Damen (bi). Dreamstime.com: Hanhanpeggy (cia); Gino Santa Maria (cib). **27 Dreamstime.com:** Digikhmer (bi); Phive2015 (sc); J33p3l2 (cia); Tomert (bd). **28 Dreamstime.com:** Mreco99 (bc). **28-29 Shutterstock.com:** bioraven (bc). **29 123RF.com:** aimy27feb (bi). **Dreamstime.com:** Irina88w / © Successió Miró / ADAGP, París, y DACS, Londres, 2021 (ca). **30 Dreamstime.com:** Riccardo Lennart Niels Mayer (bi); Vtupinamba (ci); Ppy2010ha (c). **31 123RF.com:** Baiba Opule (cda). **Dreamstime.com:** Gekaskr (sd); Robyn Mackenzie (si). **Getty Images / iStock:** filipefrazao (bc); somethingway (si). **32 Getty Images / iStock:** XtockImages (bd). **33 123RF.com:** gresei (cib). **Dreamstime.com:** Ryan Pike (ebd); Yi Min Zhu (bc). **Getty Images / iStock:** bong hyunjung (sd). **34 Dreamstime.com:** Artranq (sc); Olga Besnard (c); Elena Chepik (cd). **35 Alamy Stock Photo:** Newscom / BJ Warnick (ca). **Dreamstime.com:** Crackerclips (bi); Alina Shpak (ci); Pamela Uyttendaele (cb); Sergiy Nigeruk (bc); Magdalena Żurawska (bd). **Shutterstock.com:** Top Photo Engineer (si). **37 Alamy Stock Photo:** Joerg Boethling (ca). **39 123RF.com:** Kuznetsov Dmitry (cda); Rob Marmion (bd). **Dreamstime.com:** Prasit Rodphan (ca). **40 123RF.com:** utima (cia). **Getty Images / iStock:** SciePro (cd). **43 Getty Images / iStock:** E+ / kali9 (cd). **44 Getty Images / iStock:** SciePro (bd). **45 Dreamstime.com:** Itsmejust (bd). **Shutterstock.com:** Manny DaCunha (bi). **46 123RF.com:** utima (cda). **47 Getty Images:** Jill Fromer / Photodisc (cd). **48 Dreamstime.com:** Shao-chun Wang (cb). **Shutterstock.com:** ShotPrime Studio (cd). **49 Alamy Stock Photo:** Image Source / David Jakle (cd). **Getty Images / iStock:** E+ / Kemter (c); E+ / izusek (cib). **54 Alamy Stock Photo:** Stephen Frost (cb); KQS (cdb). **55 Alamy Stock Photo:** Oleksiy Maksymenko Photography (cdb). Dreamstime.com: Brizmaker (cib); Witold Korczewski (si). **Getty Images:** Nichola Evans / Photodisc (cb). **57 123RF.com:** ferli (cia); pixelrobot (cib). Depositphotos Inc: zurijeta (b). **Dreamstime.com:** Chernetskaya (cda); Mitgirl (ci). **59 123RF.com:** anmbph (si). **Dreamstime.com:** Tom Wang (sd). **61 Dreamstime.com:** Alexandra Karamysheva (si). **62 Dreamstime.com:** Vacclav (ci). **Getty Images / iStock:** gustavofrazao (cb). **63 Dreamstime.com:** Denis Belitskiy (si); Ivan Kmit / Ivankmit (cda); Hel080808 (cb). **64 Dreamstime.com:** Elenatur (cib). **65 Alamy Stock Photo:** Novarc Images / Dennis Schmelz / mauritius images GmbH (cdb). **Dreamstime.com:** Caoerlei (sc). **66 Alamy Stock Photo:** Nature Picture Library (sc). **Getty Images:** Michele Falzone (ci). **67 Dreamstime.com:** Adriel80 (cdb); Diana Dunlap (bi). **68 123RF.com:** sugarwarrior (bc). **Dreamstime.com:** Surangaw (ca). **69 Dreamstime.com:** Vladimir Melnikov (sd); Tomas1111 (cd). **70 Dreamstime.com:** Agap13 (cb); Ghm Meuffels / Gerardmeuffels (ca). **71 Dreamstime.com:** Luis Leamus (sd). Getty Images / iStock: Byrdyak (cdb). **72 Alamy Stock Photo:** Kevin Schafer / Avalon.red (bi). **73 Alamy Stock Photo:** Alain Grosclaude (cd). **Dreamstime.com:** Tolly81 (sd). **76 Dreamstime.com:** Pablo Hidalgo (sc). **77 Alamy Stock Photo:** Per-Andre Hoffmann / Image Professionals GmbH (si). **Dreamstime.com:** (cd); Gagarych (ca); Ralf Lehmann (cb). **Getty Images:** Huoguangliang (cdb). **80 Dreamstime.com:** Paul Hampton (cd); Alexey Poprotskiy (cb). **81 Dreamstime.com:** Soloway (c). **83 123RF.com:** (cdb). **Dreamstime.com:** Photosvit (cb). **84 123RF.com:** Iurii Buriak (bc). **Alamy Stock Photo:** Ben Pipe (bc). **85 Alamy Stock Photo:** Allgöwer Walter / Prisma by Dukas Presseagentur GmbH (bi); Image Professionals GmbH / Jörg Reuther (si); Sébastien Lecocq (sd). **Dreamstime.com:** Beehler (bc). **86 Alamy Stock Photo:** Jan Wlodarczyk (bd). Dreamstime.com: Helen Hotson (bi). **87 Dorling Kindersley:** Natural History Museum, Londres (cda, cd, cb); University of Pennsylvania Museum of Archaeology and Anthropology (si); Oxford University Museum of Natural History (c, cdb). **Dreamstime.com:** Nastya81 (ci). **89 123RF.com:** Iakov Kalinin (cdb).